JN047024

保育所
認定こども園
幼稚園
対応

配慮を必要とする子どもの

「個別の支援計画」

5つのステップで
取り組みやすい！

藤原里美 著

中央法規

はじめに

個別の支援計画を書くために、この本を手に取られた方にお願いがあります。

それは、この本を、子どもの発達を深く知るための「ギフト」として読み進めていただきたいということです。そして、子どもの理解が進み実際に個別の支援計画を作成するときには、その支援計画を届ける相手への「ギフト」として、手渡す相手をイメージしながら書いてほしいと思います。

手渡す相手とは、まずは、計画の当事者「子ども」です。私たちは、支援計画に子どもの「未来」を描きます。支援は、その「未来」を実現するためのツールだと考えてみてください。子どもの、ワクワクする「未来の姿」を想像してみてほしいと思います。

次に、支援を共に支える「仲間」です。発達支援はチームで行います。支援計画はまた、チームが同じ方向を向いて、前に進んでいくための「ギフト」でもあります。温かいつながりを作るためのツールとして、シェアできる楽しさを想像してみてください。

そして、最後は「ご家族」です。支援計画の記述はご家族にとって、子どもの行動の意味を知り、対応の方法のヒントが見つかる「ギフト」となります。ご家族には、子どもの行動の意味がわからず、大きな不安の中にいる方も少なくありません。そのような方にとって、この支援計画が支えになるかもしれません。希望を見出せる、勇気づけのツールとして考えてみてください。

支援計画を作成する私たちが、子どもの明るい「未来」を描き続ける——このポジティブマインドが何よりも大切です。そのマインドをベースに、この本のスモールステップの支援を参考にしてください。

理想どおりにいかない子どもだからこそ、理想を手放し、今ある子どもの発達を全承認しながら（ときに失敗もしながら）進んでいきましょう。

書くことで叶えられる「未来」に向けて。

藤原里美

Contents

はじめに ……… 3

第1章
「個別の支援計画」の意義と立案方法

「個別の支援計画」とは ……… 10

「個別の支援計画」を立てる意義 ……… 12

「個別の支援計画」を立てる際の心構え ……… 14

「個別の支援計画」の立て方 ～5つのステップとPDCA ……… 16

- ●現状……… 18
- ●アセスメント ……… 19
- ●目標 ……… 20
- ●支援方法 ……… 21
- ●結果 ……… 22

第2章

タイプ別「個別の支援計画」立案実例

集団活動に参加できない ……… 26

A 多動・衝動性が強いタイプ ……… 28

B 発達ゆっくりタイプ ……… 32

C 失敗回避・不安が強いタイプ ……… 36

切り替えが難しい ……… 40

A こだわりタイプ ……… 42

B マイペースタイプ ……… 46

C イヤイヤ期・反抗期タイプ ……… 50

友だちとのトラブルが多い ……… 54

A 社会性の発達が未熟なタイプ ……… 56

B シングルフォーカスタイプ ……… 60

C 他者の視点に立てないタイプ ……… 64

生活習慣の自立が進まない ……… 68

A ワーキングメモリの容量が少ないタイプ ……… 70

B 不器用タイプ ……… 74

Contents

コミュニケーションがとれない ……… 78

A　言葉の遅れがあるタイプ ……… 80

B　他者への関心が低いタイプ ……… 84

C　場面緘黙タイプ ……… 88

乱暴な行動や暴言・かんしゃくが見られる ……… 92

A　感覚過敏タイプ ……… 94

B　覚醒レベルの調整が難しいタイプ ……… 98

C　注目行動タイプ ……… 102

一人が大好き ……… 106

運動や手先を使うことが苦手 ……… 110

愛着に課題がある ……… 114

行動の統制がとりにくい ……… 118

まじめで融通が利かない ……… 122

わざと困った行動をする ……… 126

資料・シート ……… 131

本書の特徴と使い方

●本書では、配慮を必要とする子どものタイプごとの支援の実例を、「個別の支援計画」の記載例として紹介しています。

●実際に個別の支援計画を立てる際、どのような観察をして現状を分析し、どのような目標を立てて、どのような支援をすればよいかの具体例としてもご活用いただけます。

巻末の「プロフィールシート」と「個別の支援計画シート」を、支援計画立案と実際の支援に是非ご活用ください。

使い方

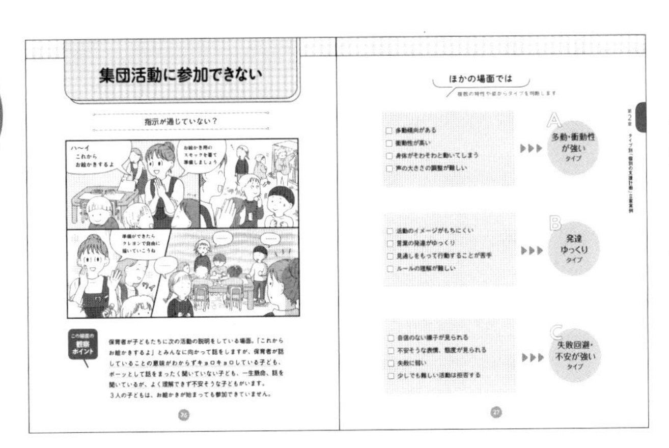

毎日の保育における一場面をまんがにしています。この場面における気になる子どもの行動と、右ページの「ほかの場面では」から、その子どものタイプを把握します。

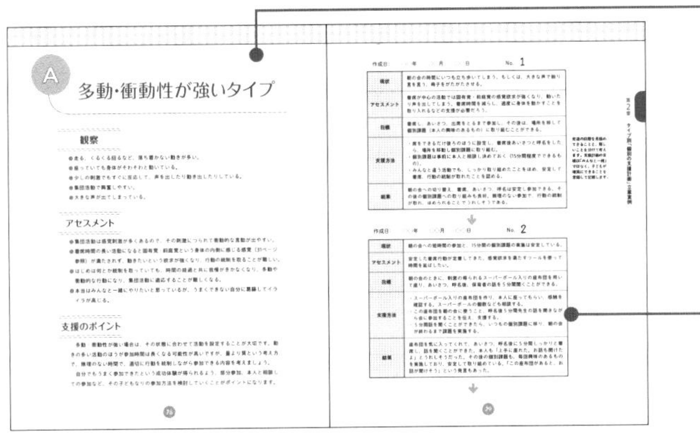

このタイプの子どもによく見られる姿（観察）とアセスメント、支援のポイントをまとめています。ここでの分析（アセスメント）が、個別の支援計画を立てる際のベースになります。

このタイプの子どもの「個別の支援計画」の記載例を、連続4回分（または2回分）紹介しています。「目標」の欄については、スモールステップで目標を立てる際の参考にしてください。

このタイプの子どもの「個別の支援計画」を立てる際のポイントをまとめています。

このタイプに関わる行動特性や知っておきたい知識を解説しています。

第1章

「個別の支援計画」の意義と立案方法

「個別の支援計画」とは？ 指導計画と何が違うのでしょうか。
「個別の支援計画」を立てる上での心構え、
立案のための５つの項目と、
それぞれの内容についてまとめます。

「個別の支援計画」とは

“支援計画”と“指導計画”“教育支援計画”は何が違うのか

「保育所保育指針」「幼稚園教育要領」「幼保連携型認定こども園保育･教育要領」には、“指導計画”や“教育支援計画”という言葉が出てきます。

文部科学省の「今後の特別支援教育の在り方について（最終報告）」の「参考１『個別の教育支援計画』について」によると、「個別の教育支援計画は、障害のある児童生徒の一人一人のニーズを正確に把握し、教育の視点から適切に対応していくという考えの下、長期的な視点で乳幼児期から学校卒業後までを通じて一貫して的確な教育的支援を行うことを目的とする」とされています。

また、「保育所保育指針」の第一章には、「３（２）指導計画の作成　キ　障害のある子どもの保育については、一人一人の子どもの発達過程や障害の状態を把握し、適切な環境の下で、障害のある子どもが他の子どもとの生活を通して共に成長できるよう、指導計画の中に位置付けること。また、子どもの状況に応じた保育を実施する観点から、家庭や関係機関と連携した支援のための計画を個別に作成するなど適切な対応を図ること」との記述があります。

一方、本書で取り上げる“個別の支援計画”は、配慮を必要とする子ども一人ひとりの発達の状況をとらえ、その子どもが今もっている力をできるだけ発揮できるよう支援をしていくことにフォーカスした計画です。

大切なのは、こちらが変わるという視点

「指導」という言葉には、「子どもを社会に適応させるために導く」というイメージがあります。また、「指導」というとどうしても、あるべき姿に向かって子どもを「変える」という意味にとらえられがちです。

しかし、変えるべきは子どもではなく、子どもが少しでも生活しやすくなるための保育者の対応や周りの環境であると考えます。そのための手立てが「支援」です。その意味で、本書では「個別の指導計画」ではなく「個別の支援計画」という言葉を使います。

そして、計画立案においても、「社会や園生活に適応できるような子どもを育てる」という視点ではなく、「子どもがもっている力（その子らしさ）を発揮できるように支える」という視点をもつことが大切になります。

「個別の支援計画」を立てる意義

次につなげ、将来にわたって活かすことができる

「個別の支援計画」は、園生活への適応を目指すものではなく、子どもの将来までを見据え、少しでも生活しやすくなることを目指すものです。つまり、「個別の支援計画」は、園だけでなく、その先の小学校やそれ以外の場所にもつながるものである必要があります。「今」だけでなく次につなげ、将来にわたって活かしていく意識をもつことが大切になります。

例えば、卒園後、保護者が「個別の支援計画」を小学校に持参し、「園ではこのように対応してもらいました。小学校ではどのような配慮が可能でしょうか」などと伝えるための参考資料にもなるということです。そのためには、子どもの今の状態と、そのために何をどのように支援すればよいかがわかりやすく書かれていなければなりません。

チームで一貫した支援ができる

「個別の支援計画」は、子どもの今の状況をふまえ、この先、どのような姿であれば生活しやすいかをイメージし、そのための手立てを考えて立案します。そのためには、クラス担任一人の視点だけではなく、チームで情報交換をしながら立てることが大切です。現状把握が偏らず、支援方法や目標、今やるべきことが共有できます。

子どもと関わる人が同じ対応をとることで、一貫した支援を行うことができ、効果も期待できるでしょう。

保育のスキルアップにもつながる

保育者が子どもへの対応に困ったとき、そして、子ども自身もその状況に困っていると感じたとき、「個別の支援計画」は、解決の手立てを掴むためのツールとなります。

「個別の支援計画」を立てる前に、まずは、子どものどのような言動に対して対応に困っているのかを言語化してみましょう。そして、その子どもの対応に困っているのは自分だけなのか、ほかの保育者はどのように感じているのかを共有します。担任同士で話し合ったり、園長や主任に相談したり、職員会議で話題にしてもよいでしょう。その上で、なぜその言動が起こっているのか、原因や理由を分析します。

分析のためには、子どもの発達段階を把握していることが大前提です。

例えば、１歳半の子どもの言葉の発達は一般的にどの程度なのか（身近な名詞がわかる程度です）。では、２歳過ぎではどうか（動作語が出てきます）。２歳半くらいでは、物の大きさなどの抽象的な概念がわかるようになる……。こうした発達段階を知らないと、子どもに過度な期待を押しつけることにもなりかねません。

２歳児に、「友だちへの思いやりがない」などと悩んでいる保育者をまれに見かけますが、２歳児が他者への共感を示せないのはあたりまえのことです。

つまり、「個別の支援計画」を立てる中で子どもの発達について学ぶことは、保育のスキルを高めることにつながります。

「個別の支援計画」を立てる際の心構え

「個別の支援計画」を立てる際の心構え

「個別の支援計画」を立てるために理解しておくべきことがあります。

それは、計画を「スモールステップで立てる」ということです。

スモールステップとは、今できていること、手伝えばできることを増やすのを目標にして、短期間――最長でも１か月、短ければ数日や１～２週間ごとに計画を立てるということです。

低い階段を少しずつのぼっていくイメージです。

ところが保育者の多くは、そのスモールステップ＝もう少しでできること、がわからないようです。

例えば、「自分の気持ちを言えない」子どもがいたとします。その子どもが自分の気持ちを言えるようになるために、具体的にどのように支援するのか。それを明確にするために「個別の支援計画」を立てていくのですが、最初の目標を何にすればよいかがわからない、「自分の気持ちを言えるようになる」という最終的な目標しか出てこない保育者が少なくありません。

「自分の気持ちを言えない」子どもの最初の目標となるのは、例えば「YES、NOをうなずく、首を横に振ることで表現することができる」ことです。

このように、その子どもにとってのスモールステップを見つけ出していくのは、なかなか容易ではありません。

子どものできるところに注目して目標を立てる

スモールステップを見つけ出すコツは、できないことをできるようにしようという発想ではなく、今できていることを思い浮かべて、その範囲を少しずつ広げていくことです。

「自分の気持ちを言えない」子どもを例に、シミュレーションしてみます。

――自分の気持ちを言えない。では、何ならできているのか？

「嫌なことがあったときに泣いて気持ちを表すことはできている」

――では、欲しいものがあったときにはどのようにしているのか？

「目で訴えている」

――目で訴えることができるのなら、欲しいものがあったとき「欲しい？」と聞いたらうなずく、というのを次の目標にしてみては？

このような感じです。

まずは、子どものできるところに注目し、そこから次の道筋をさぐってみるのです。このように意識して繰り返し計画を立てる中で、少しずつ「スモールステップ」を見つけ出せるようになっていきます。

文例を参考に、まねをすることから始める

スモールステップで計画を立てられるようになるために、まねをすることも方法の一つです。第２章に、それぞれの特性をもった子どもについての「個別の支援計画」の文例を載せています。これはあくまで例ですが、スモールステップの立て方の参考になるはずです。

文例をベースにしながら、目の前の子どもに合わせて書き換えていきます。文例と似たタイプの子どもであれば、まずは文例を頼りに支援を実施してみるのも方法です。進める中で、「ちょっと違うな」「もっとこうしたほうがいいな」という思いが湧いてきたら、自分なりに計画を立てられるようになってきたということです。目の前の子どもの姿に応じて、どんどん変えてみてください。

「個別の支援計画」の立て方
～5つのステップとPDCA

「個別の支援計画」立案の手順

「個別の支援計画」は以下のような手順で立て、支援を進めていきます。

プロフィールを作成する

〈個別の支援計画シートの記入欄〉

1 子どもの現在の状況を把握する ＝ 現状

↓

2 困りごとの原因や理由を分析する ＝ アセスメント

↓

3 理想の状態を思い浮かべる ＝ 目標

●理想の状況に至るまでの道のりをスモールステップに分ける。

↓

4 支援の方法を考える ＝ 支援方法

↓

DO ＞＞実際に支援（１段階ずつ）をする

↓

5 支援における子どもの変化を振り返る ＝ 結果

●うまくいった場合は、次の段階に進む。
●うまくいかなかった場合は、なぜうまくいかなかったのかを考え、改めて支援の方法を考える。

↓

次の計画（目標）を立てる

①～⑤を繰り返して、その子どもが生活しやすい理想の状態を実現していきます。

個別の支援計画のためのプロフィールシート

「個別の支援計画」を立てる前に、その子どもの特性や長所、興味などをまとめましょう。プロフィールは保育者間で共有し、保育者全員がその子どものことがわかるようにしておきます。このシートは学年ごとに見直します。

〈プロフィールシート〉

名前 年齢	○○　○○ 年　月　日生まれ 歳　か月	診断	あり　・　なし (診断名　　　)
支援を要する発達特性		長所 得意 興味	
保護者の願い			
必要な支援			

スモールステップで立てる個別の支援計画シート

「個別の支援計画」をスモールステップで立てるには、多くを書かないことも大切です。計画を立てること自体が大変になると、支援も続きません。

そこで、スモールステップで「個別の支援計画」を立てるためのシートを提案します。各項目ごとのとらえ方、記入の仕方については、次のページから説明していきます。

〈個別の支援計画シート〉

作成日:　　年　　月　　日　　　　No.

現状	
アセスメント	
目標	
支援方法	
結果	

実際の記入用には、巻末のシート(134～135ページ)をご活用ください。

現状　困っている具体的な場面を書く

作成日：　○○年　○○月　○○日　　No. 1

現状	朝の会の時間にいつも立ち歩いてしまう。もしくは、大きな声で独り言を言う、椅子をがたがたさせる。
アセスメント	着席が中心の活動では固有覚・前庭覚の感覚欲求が強くなり、動いたり声を出してしまう。着席時間を減らし、適度に身体を動かすことを取り入れるなどの支援が必要だろう。
目標	着席し、あいさつ、出席をとるまで参加し、その後は、場所を移して個別課題（本人の興味のあるもの）に取り組むことができる。
支援方法	・席をできるだけ後ろの方に設定し、着席後あいさつと呼名をしたら、場所を移動し個別課題に取り組む。 ・個別課題は事前に本人と相談し決めておく（15分間程度でできるもの）。 ・みんなと違う活動でも、しっかり取り組めたことをほめ、安定して着席、行動の統制が取れたことを認める。
結果	朝の会への切り替え、着席、あいさつ、呼名は安定し参加できる。その後の個別課題への取り組みも良好。無理のない参加で、行動の統制が取れ、ほめられることでうれしそうである。

子どもの現状を書き出します。できるだけ具体的な場面を思い浮かべ、そこで何が起こっているのかを明らかにします。どのような場面でどのように困っているのか、特定の場面について具体的に描写します。

… 具体的な描写の例 …

＊食事の時間が始まっても、遊びを切り上げてテーブルにつくことができない。

＊保育者が「おかたづけしよう」などと声をかけると、怒って泣きわめく。いったん気持ちが乱れるとなかなか元に戻らず、その後の活動ができない。

＊初めて行う集団活動に対しては、「やりたくない」と言い拒否する。活動に参加していても、急に行動を停止し、動かなくなることもある。(37ページ)

＊午睡前･後の着替えの際に、「着替えるよ」と促すと「嫌だ、着替えない」とかたくなに拒否することが多い。かんしゃくを起こすこともある。(51ページ)

＊相手が嫌がっているのに、しつこく身体にさわってしまう。(65ページ)

＊遊びの場面（特に戦いごっこ）で興奮し、友だちをたたく、または、「うるせーな」「ぶっ殺してやる」などの暴言がよく見られる。(99ページ)

アセスメント　現状を分析する

作成日:　○○年　○○月　○○日　　No. 1

現状	朝の会の時間にいつも立ち歩いてしまう。もしくは、大きな声で独り言を言う、椅子をがたがたさせる。
アセスメント	着席が中心の活動では固有覚・前庭覚の感覚欲求が強くなり、動いたり声を出してしまう。着席時間を減らし、適度に身体を動かすことを取り入れるなどの支援が必要だろう。
目標	着席し、あいさつ、出席をとるまで参加し、その後は、場所を移して個別課題（本人の興味のあるもの）に取り組むことができる。
支援方法	・席をできるだけ後ろの方に設定し、着席後あいさつと呼名をしたら、場所を移動し個別課題に取り組む。 ・個別課題は事前に本人と相談し決めておく（15分間程度でできるもの）。 ・みんなと違う活動でも、しっかり取り組めたことをほめ、安定して着席、行動の統制が取れたことを認める。
結果	朝の会への切り替え、着席、あいさつ、呼名は安定し参加できる。その後の個別課題への取り組みも良好。無理のない参加で、行動の統制が取れ、ほめられることでうれしそうである。

子どもの「現状」が、どのような原因、理由で起こっているのかを考えて書きます。そのために、子どもをよく観察し、表情、言葉、行動などから、読み取れるだけの情報を読み取り、「この子自身は、何に困っているのかな」「ほかの子とは違う課題があるのかな」などを考えて分析します。
このとき、子どもの発達段階*や特性ごとの特徴の知識をもっていると、原因や理由が思い当たりやすくなります。

*子どもの発達段階は、132 ～ 133ページ参照

… 分析のイメージ …

例えば、「食事の時間が始まっても、遊びを切り上げてテーブルにつくことができない」を分析すると、次のような流れになります。

→　遊びを切り上げて次の活動に移れない切り替えの悪さは、思考の柔軟性に課題があるのかもしれない

→　思考の柔軟性に課題があるとしたら、食事のあとで必ず遊びの続きができることを保障するような支援が必要かと考える

経験が少ないうちは、原因や理由が思い当たりにくいでしょう。第２章で似たケースを探し、仮にでもよいので原因や理由をあげてみましょう。その仮説で支援がうまくいかないときは、その原因や理由が違っていたということです。その場合は、アセスメントをやり直します。

チームで話し合う、園長や主任などに意見をもらうのもよいでしょう。

目標

どのようになればもう少し生活しやすいかという視点に立つ

作成日：　○○年　○○月　○○日　　No. 1

現状	朝の会の時間にいつも立ち歩いてしまう。もしくは、大きな声で独り言を言う、椅子をがたがたさせる。
アセスメント	着席が中心の活動では固有覚・前庭覚の感覚欲求が強くなり、動いたり声を出してしまう。着席時間を減らし、適度に身体を動かすことを取り入れるなどの支援が必要だろう。
目標	着席し、あいさつ、出席をとるまで参加し、その後は、場所を移して個別課題（本人の興味のあるもの）に取り組むことができる。
支援方法	・席をできるだけ後ろの方に設定し、着席後あいさつと呼名をしたら、場所を移動し個別課題に取り組む。 ・個別課題は事前に本人と相談し決めておく（15分間程度でできるもの）。 ・みんなと違う活動でも、しっかり取り組めたことをほめ、安定して着席、行動の統制が取れたことを認める。
結果	朝の会への切り替え、着席、あいさつ、呼名は安定し参加できる。その後の個別課題への取り組みも良好。無理のない参加で、行動の統制が取れ、ほめられることでうれしそうである。

「困っている」状況がどのようになればよいのか、子どもがこの先少しでも生活しやすくなるにはどうあればよいか、という視点で目標を考えます。ただし、「～できない」が「～できるようになる」という最終的な目標ではなく、少し先の目標です。今できていることに注目してその幅を少し広げる、回数を増やす、または、少し種類を増やすようなことです。

… 目標の立て方の例 …

現状　　自分の気持ちを言葉にして言えない。

アセスメント　　自分の気持ちを言えないこと自体には困っていない。しかし、自分の気持ちを言えないがために、友だちにおもちゃを取られても嫌と言えず、悲しい思いをしている可能性がある。

目　標　　嫌なことがあったら、保育者に促され、首を左右に振って抗議できるようになる。

この子どもが生活しやすくなるにはどのようにしたらよいか、という視点に立つと、目標は「自分の気持ちを言えるようになる」ということでなくてもよいはずです。嫌なことがあったときに、泣いて訴えられるのであれば、嫌なことがあったときの伝え方の種類を増やすことを目標にしてみます。

支援方法

目標のために必要な支援を具体的に描く

作成日:　○○年　○○月　○○日　　No. 1

現状	朝の会の時間にいつも立ち歩いてしまう。もしくは、大きな声で独り言を言う、椅子をがたがたさせる。
アセスメント	着席が中心の活動では固有覚・前庭覚の感覚欲求が強くなり、動いたり声を出してしまう。着席時間を減らし、適度に身体を動かすことを取り入れるなどの支援が必要だろう。
目標	着席し、あいさつ、出席をとるまで参加し、その後は、場所を移して個別課題（本人の興味のあるもの）に取り組むことができる。
支援方法	・席をできるだけ後ろの方に設定し、着席後あいさつと呼名をしたら、場所を移動し個別課題に取り組む。 ・個別課題は事前に本人と相談し決めておく（15分間程度でできるもの）。 ・みんなと違う活動でも、しっかり取り組めたことをほめ、安定して着席、行動の統制が取れたことを認める。
結果	朝の会への切り替え、着席、あいさつ、呼名は安定し参加できる。その後の個別課題への取り組みも良好。無理のない参加で、行動の統制が取れ、ほめられることでうれしそうである。

どのような支援があれば目標とした状況に近づくのかを考えて書きます。自分だけでなく、ほかの誰もが実践できるように、具体的に書くことが大切です。
「誰が」「いつ」「どこで」「何をする」ということを意識して書くとよいでしょう。

… 書き方の例 …

＊集団活動のときは、あらかじめ見学（見て学ぶ）してもいいこと、本人の好きな課題を選択できることを伝える。（33ページ）

＊自分で着替えてきたら、「先生うれしいなあ」と行動（自分から始めたこと）を承認する。（51ページ）

＊１日１回、午睡前の時間を利用し、風船、コマ、スカーフなどを使い、保育者がふくらませて飛ばす、回して見せる、投げて落ちる様子を見せるなどして遊ぶ。風船を飛ばしてほしい、コマを回してほしい、スカーフを高く投げてほしいと思うと保育者に持ってくるので、視線を合わせながら楽しめるようにする。（85ページ）

＊「あったか言葉」を言えた子どもは、ビー玉をクラスの貯金箱（透明なびん）に入れる。（100ページ）

結果

変化の有無、目標と支援の妥当性を評価する

作成日：　〇〇年　〇〇月　〇〇日　　No. 1

現状	朝の会の時間にいつも立ち歩いてしまう。もしくは、大きな声で独り言を言う、椅子をがたがたさせる。
アセスメント	着席が中心の活動では固有覚・前庭覚の感覚欲求が強くなり、動いたり声を出してしまう。着席時間を減らし、適度に身体を動かすことを取り入れるなどの支援が必要だろう。
目標	着席し、あいさつ、出席をとるまで参加し、その後は、場所を移して個別課題（本人の興味のあるもの）に取り組むことができる。
支援方法	・席をできるだけ後ろの方に設定し、着席後あいさつと呼名をしたら、場所を移動し個別課題に取り組む。 ・個別課題は事前に本人と相談し決めておく（15分間程度でできるもの）。 ・みんなと違う活動でも、しっかり取り組めたことをほめ、安定して着席、行動の統制が取れたことを認める。
結果	朝の会への切り替え、着席、あいさつ、呼名は安定し参加できる。その後の個別課題への取り組みも良好。無理のない参加で、行動の統制が取れ、ほめられることでうれしそうである。

支援を実践した結果、変化が見られたか見られなかったか、どのような変化が見られたかを振り返り、変化があれば、どのような状況になったかを具体的に記入します。また、支援を通して見えてきたこと、今後の支援に向けての考察もまとめ、次の目標や支援内容につなぎます。

… 結果（振り返り）の流れ …

支援を続けた結果、子どもの姿に変化があったかどうかを検証し、次の計画を立てます。

●変化が見られた場合

→ 変化の姿を具体的に書き、目標を達成したかを検証する。

→ 目標を達成したら、次の目標を定め、計画を立てる。

→ 変化はあったが目標を達成しなかったとき、もう少しで達成しそうなときは、必要に応じて支援内容を調整しつつ計画を立て、支援を継続する。

→ 目標が高すぎて達成できなかったと考えられる場合は、目標を再考して計画を立てる。

●変化が見られなかった場合

→ その支援は合わなかったと判断し、目標は妥当だったか、支援方法に無理はなかったかを検証する。

→ 目標は妥当で、支援方法にも無理がないのに、変化が見られないとしたら、「アセスメント」が間違っていたことになる。アセスメントに立ち戻って、原因と理由を考えるところからやり直し、新たな計画を立てる。

「現状→目標→支援方法→アセスメント」の流れで記入してもOK

先に述べたことと矛盾するようですが、アセスメントを飛ばして支援の方法から書いてみるのも一つの方法です。

保育者は、支援の方法について、たくさんの引き出しをもっています。勘が働く人も多いので、原因や理由はわからなくても適切な支援ができているのでしょう。

子どもの現状に対して、支援の方法が先に思い浮かぶのであれば、それを書いてみます。書いてから、「なぜこの支援の方法を思いついたのだろう」と考えてみることで、アセスメントに書くべきことがわかってくることもあります。

なお、アセスメントをいったん飛ばして支援の方法を書いた場合も、アセスメントはできるだけ書き込むようにしましょう。保育者が専門職である以上、支援を誰かにつないだり、共有したりする力が必要だからです。ほかの保育者が読んでその子どもに同じ支援をしたり、ほかの子どもの支援に活かしたりするためにも、アセスメントを文字にして残すことは必要です。

第2章

タイプ別「個別の支援計画」立案実例

スモールステップで立案するとは？
どのように記入すればよい？
子どもの姿（現状）からタイプを分けて、
タイプごとの実例を紹介します。

集団活動に参加できない

指示が通じていない？

この場面の
観察
ポイント

保育者が子どもたちに次の活動の説明をしている場面。「これからお絵かきするよ」とみんなに向かって話をしますが、保育者が話していることの意味がわからずキョロキョロしている子ども、ボーッとして話をまったく聞いていない子ども、一生懸命、話を聞いているが、よく理解できず不安そうな子どもがいます。
３人の子どもは、お絵かきが始まっても参加できていません。

ほかの場面では

複数の特性や姿からタイプを判断します

- □ 多動傾向がある
- □ 衝動性が高い
- □ 身体がそわそわと動いてしまう
- □ 声の大きさの調整が難しい

▶▶▶ A 多動・衝動性が強いタイプ

- □ 活動のイメージがもちにくい
- □ 言葉の発達がゆっくり
- □ 見通しをもって行動することが苦手
- □ ルールの理解が難しい

▶▶▶ B 発達ゆっくりタイプ

- □ 自信のない様子が見られる
- □ 不安そうな表情、態度が見られる
- □ 失敗に弱い
- □ 少しでも難しい活動は拒否する

▶▶▶ C 失敗回避・不安が強いタイプ

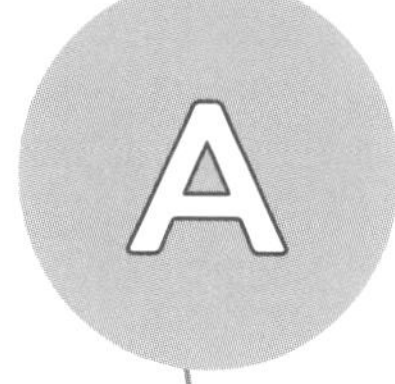

多動・衝動性が強いタイプ

観察

- 走る、くるくる回るなど、落ち着かない動きが多い。
- 座っていても身体がそわそわと動いている。
- 少しの刺激でもすぐに反応して、声を出したり動き出したりしている。
- 集団活動で興奮しやすい。
- 大きな声が出てしまっている。

アセスメント

- 集団活動は感覚刺激が多くあるので、その刺激につられて衝動的な言動が出やすい。
- 着席時間の長い活動になると固有覚・前庭覚という身体の内側に感じる感覚（31ページ参照）が満たされず、動きたいという欲求が強くなり、行動の統制を取ることが難しい。
- はじめは何とか統制を取っていても、時間の経過と共に我慢がきかなくなり、多動や衝動的な行動になり、集団活動に適応することが難しくなる。
- 本当はみんなと一緒にやりたいと思っているが、うまくできない自分に葛藤してイライラが高じる。

支援のポイント

多動・衝動性が強い場合は、その状態に合わせて活動を設定することが大切です。動きの多い活動のほうが参加時間は長くなる可能性が高いですが、量より質という考え方で、無理のない時間で、適切に行動を統制しながら参加できる内容を考えましょう。

自分でもうまく参加できたという成功体験が得られるよう、部分参加、本人と相談しての参加など、その子どもなりの参加方法を検討していくことがポイントになります。

作成日:　○○年　○○月　○○日　No. 1

現状	朝の会の時間にいつも立ち歩いてしまう。もしくは、大きな声で独り言を言う、椅子をがたがたさせる。
アセスメント	着席が中心の活動では固有覚・前庭覚の感覚欲求が強くなり、動いたり声を出してしまう。着席時間を減らし、適度に身体を動かすことを取り入れるなどの支援が必要だろう。
目標	着席し、あいさつ、出席をとるまで参加し、その後は、場所を移して個別課題（本人の興味のあるもの）に取り組むことができる。
支援方法	・席をできるだけ後ろのほうに設定し、着席後あいさつと呼名をしたら、場所を移動し個別課題に取り組む。 ・個別課題は事前に本人と相談し決めておく（15分間程度でできるもの）。 ・みんなと違う活動でも、しっかり取り組めたことをほめ、安定して着席、行動の統制が取れたことを認める。
結果	朝の会への切り替え、着席、あいさつ、呼名は安定し参加できる。その後の個別課題への取り組みも良好。無理のない参加で、行動の統制が取れ、ほめられることでうれしそうである。

発達の段階を見極め、できることと、難しいことを分けて考えます。支援計画の目標は「みんなと一緒」ではなく、子どもが確実にできることを意識して記載します。

作成日:　○○年　○○月　○○日　No. 2

現状	朝の会への短時間の参加と、15分間の個別課題の実施は安定している。
アセスメント	安定した着席行動が定着してきた。感覚欲求を満たすツールを使って時間を延ばしたい。
目標	朝の会のときに、刺激の得られるスーパーボール入りの座布団を用いて座り、あいさつ、呼名後、保育者の話を５分間聞くことができる。
支援方法	・スーパーボール入りの座布団を作り、本人に座ってもらい、感触を確認する。スーパーボールの個数なども相談する。 ・この座布団を朝の会に使うこと、呼名後５分間先生の話を聞きながら会に参加することを伝え、支援する。 ・５分間話を聞くことができたら、いつもの個別課題に移り、朝の会が終わるまで課題を実施する。
結果	座布団を気に入ってくれて、あいさつ、呼名後に５分間しっかりと着席し、話を聞くことができた。本人も「上手に座れた。お話も聞けたよ」とうれしそうだった。その後の個別課題も、毎回興味のあるものを実施しており、安定して取り組めている。「この座布団があると、お話が聞けそう」という発言もあった。

作成日：　〇〇年　〇〇月　〇〇日　　No. 3

現状	朝の会の参加が、10分間程度はできるようになった。座布団の効果がある。個別課題も安定しているのでこのまま継続し、朝の会の参加時間を少し延ばしたい。
アセスメント	座布団や個別課題を使いながらも、行動の統制が取れるようになってきた。朝の会の参加を延ばしてみる。
目標	朝の会に15分間、落ち着いて参加する。
支援方法	・座布団に着席し、あいさつ、呼名、話を聞く（15分間）。 ・様子を見て身体がそわそわ動き出してきたら、肩や背中をトントンして、圧迫した刺激を与えてみる。もしくは、「〇〇（個別課題）にする？」と聞いて、判断を大切にする。 ・参加時間の長さではなく、行動の統制をとろうとしたこと、自分で判断して個別課題に切り替えたこと、または移動できたこと承認する。
結果	・15分間参加できることが3分の2程度ある。話の内容も理解できている。 ・そわそわしたときに保育者が感覚刺激を与えることも有効。自分から課題をやりたいという場合は、その判断を尊重し、切り替えたことをほめると、うれしそうだった。 ・参加できることより、自分の傾向を知り、対策を立てることを大切にしていきたい。

↓

作成日：　〇〇年　〇〇月　〇〇日　　No. 4

現状	朝の会に15分間程度参加できている、難しい場合は、保育者と相談して個別課題に切り替え、安定して活動に取り組めている。自信もついてきた。
アセスメント	朝の会など、他者の話を集中して聞けるのは15分間程度。その時間をしっかり意識してがんばろうとしていることがすばらしい。自分の状態に合わせて、個別課題を取り入れられることを大切にしたい。
目標	朝の会に15分間落ち着いて参加する。難しい場合は自分で判断して個別課題に切り替える。
支援方法	・今までどおり朝の会への参加を促し、あいさつ、呼名、その後の話を15分間をめどに参加する。 ・15分間以上参加が可能な場合はそのまま様子を見て、最後までの参加を目指す。難しい場合は、「どうしたい？」と本人の判断を聞く。
結果	・朝の会を15分以内に意識して設定したこともあり、ほぼ参加できるようになった。 ・いつでも課題に切り替えてよいという約束と本人の判断を大切にしたことが、安心して参加することにつながったと考える。

できるという結果よりも大切なのは、保育者に支援されながら自分のことを理解し、それに合わせた方法を選択できること。そのプロセスを書き込みましょう。

Aタイプのとらえ方と計画の立て方

- 固有覚・前庭覚が鈍感で感覚欲求が強い場合は、行動の統制を取ろうとしても取れないことがあります。それを理解した上で、感覚刺激を取り入れる支援と、集中できる課題設定が必要です。今回は、座布団と個別課題を取り入れたことで、無理のないステップで15間の朝の会に参加できるようになりました。しかし、参加できるという結果よりも、自分の状態に応じて対応を保育者と相談できる、自分で選択できることが大切だということを忘れないようにしましょう。
- Aタイプの子どもは、やればできると思われ、注意されたり、我慢を強いられたりすることが多く、自信を失いがちです。本人に合ったスモールステップの目標を立てましょう。

今後の見通し

- 本人も、この時間（15分間程度）なら着席を必要とする活動に参加できると自信がもてたようです。活動ごとの集中時間を保育者が理解し、それに応じた感覚を満たすアイテムや活動（個別課題も含む）を用意していきましょう。
- 本人の状況に応じて時間を延ばすのもよいでしょう。しかし、無理はせず、15分間参加したら動きのある活動をするなどメリハリをつけた支援も取り入れていくようにします。

固有覚と前庭覚と行動統制について

自分の身体の位置や動き、力加減を感じる感覚を「固有覚」、揺れや回転を感じてバランスをとるために使う感覚を「前庭覚」といいます。この2つの感覚は無意識に使っている感覚ですが、感覚を感じにくいタイプの子どもは、日常の動きの中でも受動的に止まっている状態（人の話を聞くなど）が苦手で、行動の統制が取りにくくなります。そして、動いて感覚を感じたいという欲求にかられます。そのため、感覚刺激を得られるアイテムや、能動的に動く活動の設定が必要となります。

B 発達ゆっくりタイプ

観察

- 保育者の指示が伝わっていない。
- 物事の理解が年齢よりゆっくり。
- 友だち同士の会話についていけない。
- 自分で判断するより、周りの子どもの行動を見て判断している。
- 自信がない、不安な表情やそわそわした行動が見られる。

アセスメント

- 周りの子どもをまねて理解を補っているため、不安があり自信も失いやすい。
- 常にアンテナを張って行動をしているため、疲れやすい。
- 集団行動場面ではさらに理解が難しくなり、困っている様子が伺える。
- 本人が困っているという状況を自覚できず、ヘルプのサインが出にくい。

支援のポイント

周りを見ながらなんとか集団についてきているので、支援が届きにくい傾向があります。本人の発達年齢を保育者が把握し、その発達に応じた支援を考えていくことが必要です。

問題行動だけを支援の判断基準にせず、適切な支援を構築していきましょう。

作成日：　○○年　○○月　○○日　No. 1

現状	集団活動の際に、ルールや指示の理解が難しい。困った行動はとらないが、その場に参加しているけれど動けず、周りから「ちゃんとやってよ」と言われてしまう。
アセスメント	ルールや指示の内容が、理解力と合っていない。活動によっては見学もしくは、別の活動を提案し、本人の学習機会を保障したい。
目標	見学する、または個別課題に取り組むことができる。
支援方法	・集団活動のときは、あらかじめ見学（見て学ぶ）してもいいこと、本人の好きな課題を選択できることを伝える。 ・活動の説明を事前に個別にして、「参加する・見学する・課題をする」から選択を促す。 ・選択できない場合は「見学」もしくは「課題の実施」を促してみる。 ・見学したり課題ができたりしたら、切り替えたことをほめる。
結果	・常に参加することを選択する。しかし、理解できず楽しくない様子が見られたので、その場合は、しばらく見学した後、課題に誘導してみた。すると、課題は楽しく実施でき、「見学する・課題をする」という選択肢も自分から選べるようになってきた。 ・見学の際は友だちを応援したり、課題は一人で取り組んだりできた。

みんなと同じようにできない場合は、複数の選択肢を用意すること。見学や別課題の実施は、重要な選択肢となります。

作成日：　○○年　○○月　○○日　No. 2

現状	参加が難しい活動については、見学する・課題をすることもできている。見学や課題の取り組みでは楽しんでいる様子が伺える。
アセスメント	見学・課題の実施という選択肢が増えたことで、集団活動に対して絶対に参加しなくてはという気持ちが和らぎ、園生活をより安心して過ごせていると感じる。少人数の活動で集団活動の保障をしたい。
目標	「黒ひげ危機一発」、坊主めくりなど、ルールがシンプルな集団遊びを楽しむ。
支援方法	・遊びのルールや手順を、見てわかるように視覚化して説明する。 ・はじめは保育者が仲立ちして遊びを進めるが、徐々に子どもだけでも遊べるようにする。
結果	・ルールが単純なので、覚えてしまえば小集団での遊びを理解し、楽しむことができる。 ・「黒ひげ危機一発」や坊主めくりは、クラスの中でも遊べる子どもが多く、一緒に楽しめる。ルールや手順を視覚化したことで、いろいろな子どもが確認しながら遊べるようになったのもよかった。 ・みんなと遊びたいという気持ちも満たされ、自信につながっていると感じる。

作成日：　○○年　○○月　○○日　　No. 3

現状	集団活動では見学・課題の選択に応じられるようになり、自由遊びの中で友だちとのゲーム遊びを楽しんでいる。しかし、活動の中で「わからない」「困った」ときに自らヘルプのサインが出せない。
アセスメント	どのような場面で、どのようにヘルプのサインを出したらよいのかが理解できていない。具体的な場面とスキルを設定し、教えたい。
目標	課題実施の際に､「教えてカード」を使ってヘルプサインを出すことができる。
支援方法	・集団活動から課題に切り替えた際に、初めての課題を設定し､「やり方がわからなかったら『教えてカード』を先生に渡して」と伝え､そばで見守る。 ・本人がカードを渡すのを迷っていたら､「『教えてカード』を渡して」と促す。 ・カードを提示できたら「やり方を教えるね」と伝え、課題の実施方法を伝える。また「教えてカード」を使えたことをほめる。
結果	課題の際には「教えてカード」をスムーズに提示できるようになってきた。様々な場面でこのカードを使えるようにしていきたい。

困ったときに「助けて」と言えること、相談しようとすること、保育者のアドバイスを素直に聞くことなどのスキルは、その後の学童期にも使える重要なスキルとなります。

作成日：　○○年　○○月　○○日　　No. 4

現状	課題を行う際に「教えてカード」を提示できるようになった。ほかの場面でも困っている様子を見せたときに､「教えてカード」を使うように促すと、出して助けを求めることができる。
アセスメント	場面は限定的だが､「教えてカード」を使えるようになった。集団活動時にも応用することで、安心感が高まるかもしれない。
目標	集団活動に参加していて、理解が難しい・困ったときに、保育者に促され､「教えてカード」が提示できる。
支援方法	・集団活動でルールがわからないときや、行動がうまく起こせないときに、保育者が「『教えてカード』を使ってみよう」と促す。 ・本人がカードを提示する、もしくは「教えて」と言葉で伝えられたら､「上手に伝えられたね」とほめ、個別に活動の説明をする。 ・安心して参加できるように支援し､「教えて」と伝えられたことでうまくいったという体験につなげる。
結果	・集団活動の際にも保育者の促しは必要であるが､「教えてカード」を出す、もしくは「教えて」と言うことができる。 ・本人からのサインに応じて説明を加えることで、安心した様子や活動に参加しようとする意欲が見られる。

Bタイプのとらえ方と計画の立て方

- 理解に時間がかかるタイプの子どもは同年齢の子どもとの集団活動にスムーズに取り組めなくて当然です。参加できる部分とできない部分をしっかり分けて、参加が難しい場合は別の活動を用意しましょう。
- 集団活動に参加ができない分は、少人数で取り組める活動を保障することも考えましょう。
- ヘルプのサインを出す、保育者と相談するというスキルを、１対１で教えられるとよいでしょう。

今後の見通し

- 集団活動に参加できることよりも、必要に応じてヘルプサインを出せることが大切です。
- わからないまま不安を抱えて参加することより、本人に応じた活動を保育者に手助けされながら無理なく参加できることを意識しましょう。

境界知能（発達がゆっくり）とは

「発達がゆっくり」といっても、いくつかのレベルがあります。

IQ（知能指数）は、85～115までが通常レベルといわれていて、約70％の子どもがこのレベルに入ります。境界知能とはIQが70～85で平均の下という見方になります。話ができ、問題行動が顕著でないと、発達が少しゆっくりだけど遅れながらもなんとか集団についてきているように見えます。

しかし、本人は人一倍アンテナを張って、周りの様子を見ながら、理解できないことをまねしています。「わからない」「助けて」と言えないことがほとんどです。そこを見落とさず、本人の理解に合わない活動は手助けする、もしくは、別の活動を提案するなどの支援が必要となります。

がんばればできると対応され続けることで、自信をなくしたり、注目行動などが出現することもあります。

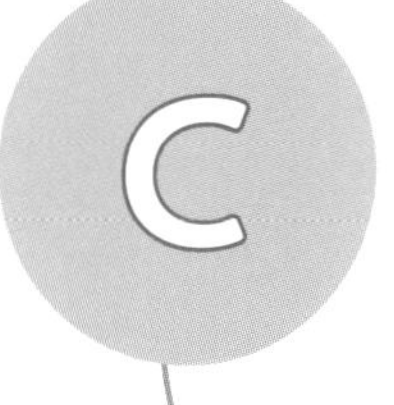

失敗回避・不安が強いタイプ

観察

- 集団活動以外の理解は良好である。
- 失敗に弱く、失敗しそうなことは避けるような様子がある。
- 緊張が強い。
- 変化に弱い。

アセスメント

- 園での生活や遊びのルーティンでは、理解もよく、安定して過ごしているが、プランニング能力（場面や行動の見通しをもつ力）が未熟なため、急な変更や行事などの場面では不安が強くなり、身体が固まったり、かんしゃくなどの行動が出現したりしやすい。
- 集団活動では行動の見通しがもてず、自分のペースが保てずに、参加できないことが多い。

支援のポイント

プランニング能力がうまく働かない場合は、見通しをもてるような支援をする、急な変更がある場合は、わかった時点で予告し、変更の理由も伝えるなど、丁寧に安心できる対応をすることが必要です。また、不安になったときに、気持ちを落ち着かせるスキルやアイテムも有効です。

作成日:　○○年　○○月　○○日　No. 1

現状	初めて行う集団活動に対しては、「やりたくない」と言い拒否する。活動に参加していても、急に行動を停止し、動かなくなることもある。
アセスメント	初めて行う活動は、活動のイメージがもてない、見通しがもてない。失敗にも弱いので応じることができない。参加しても、思っていたことと違う展開になると、不安で行動が停止しているのだろう。
目標	初めての活動は、事前に活動の説明や流れの説明を受けることができる。その上で参加するか、しないかの意思表示ができる。
支援方法	・初めての活動の場合、活動の内容や流れを、直前に静かな場所で個別に説明する。 ・言葉だけだとわかりにくい場合、絵や文字で提示し、その上で、「参加する・しない」を聞いてみる。事前に、参加しなくても大丈夫だと伝えておく。 ・意思表示ができたら、どのような答えでもそれを承認する。
結果	・説明したことはスムーズに応じている。「話してもらうと安心する」と言っていた。 ・参加しないときには別の個別課題を楽しめている。

安心して拒否を表明できるようなシステムを作り、実施すること。拒否した際の活動を用意し、支援方法に書き込みましょう。

作成日:　○○年　○○月　○○日　No. 2

現状	活動の説明を受けることで何度か参加することもできる。参加できたとき、活動の途中で行動を停止することはなかった。
アセスメント	何をするか見通せると安心。活動を見学するという選択肢を加えて、見て学ぶ機会を設けたい。見て学ぶことで安心感も得られるだろう。
目標	「参加する・見学する・参加しない」から選択し、自分で決めることができる。
支援方法	・見学することで、「見て楽しむ・見て学ぶ」ことができると伝える。 ・見学席をあらかじめ設けておく。 ・活動の説明後、３つの選択肢から選んでもらう。 ・意思表示ができたら、いずれの答えでも承認する。
結果	・見学はできる。見学しながら笑顔を見せたり、友だちを応援したり、ときどき保育者に話しかけたりして楽しめている。 ・参加しなくてもよい・見学もできるという安心感からか、活動前の不安な表情は見られなくなった。

作成日:　○○年　○○月　○○日　No. 3

現状	活動前の不安な様子が軽減した。また、見学することも楽しめている。
アセスメント	見通しをもてる安心感で、安定して参加できることが増えてきた。スケジュールや活動の手順をさらに視覚化して提示し、安定を図りたい。
目標	絵と文字を使ってスケジュールやワークシステム（活動の手順）を視覚化し、見通しをもちながら集団活動に参加できる。
支援方法	・1日の予定としてスケジュール、集団活動の見通しとしてワークシステムを、文字と絵を使ったカードで作成する。 ・登園時にスケジュールとワークシステムを提示し、説明をする。その上で本人のロッカーにこの2つをセットし、いつでも確認できるようにする。 ・集団活動の前には、再度、このワークシステムを見せて説明する。
結果	・スケジュールやワークシステムを使ったことで、見通しがもてること、忘れても思い出せることがわかり、安心感が増した。 ・集団活動に参加できる回数は確実に増えてきた。また、ワークシステムで説明した際に「このときは何するの？」と質問することもあり、イメージや流れを把握して参加している様子が見られた。

不安が強いタイプの子どもには、不安が軽減した支援やプロセス、本人の変化などをしっかり書き込みましょう。その後の支援の参考になります。

作成日:　○○年　○○月　○○日　No. 4

現状	視覚的手掛かりと活動への参加を自分で決められることで、安心して集団活動に取り組めることが増えた。
アセスメント	様々な選択肢を自分で決められることが大切。不安なときやわからないときに保育者に質問できることを次の課題にしたい。伝える人を決めるほうが伝えやすいだろう。
目標	わからないこと、不安なことは保育者に質問し、アドバイスを聞いて解決を図る。
支援方法	・「わからないときや心配なときは○○先生に聞いてね」と伝える。 ・集団活動に参加しているときは、できるだけ本人が伝えられる距離にいるように心がける。 ・自分から言えない様子が見られる場合は、「質問ある？」と聞いてみる。 ・促されてでも自分から質問ができたらほめ、安心できるような回答をする。
結果	・もともと質問するスキルはあったので、タイミングや質問する人を具体的に提示することでスムーズに質問をすることができた。 ・活動時以外にも質問することが増え、それによって不安はさらに軽減していると感じる。

Cタイプのとらえ方と計画の立て方

●見通しがもてないと不安が強くなり、本来の力も発揮されにくくなります。また、集団活動に参加すべきという保育者の関わりが、不安をより強めます。見通しをもてるような支援と共に、参加する以外の選択肢もあること、いつでも保育者に手助けを求められることを丁寧に伝えて、安心できる環境をつくりましょう。

今後の見通し

●見通しをもてることで、参加できる集団活動は参加を促しますが、本人の意思を尊重して見学も認めます。

●活動時に不安になった場合は、見学をすることで何度か活動を見て学び、イメージや流れをつかみ、その後、参加につながるとよいでしょう。

プランニング能力について

脳の中には「前頭前野」という部分があり、重要な働きの一つに「プランニング」があります。今後何が起こるのかを想像する、自分の行動を計画して行うという流れをつくる働きです。
この力が弱いと、「理解はしているのに、一人でできない」「初めての活動は不安が強い」という姿になります。

支援としては、スケジュールやワークシステムを使い、見通しをもてるようにすることです。スケジュールはこれからの予定を時間の経過に合わせて提示すること、ワークシステムは活動の手順を視覚化することです。

切り替えが難しい

まだ遊びたいのかな？

この場面の観察ポイント

園庭での自由遊びの時間が終わり、保育者が「さあ、お片づけしてお部屋に入りましょう」と声をかけました。すると、保育者の話は聞こえているが「並べ終わるまではやり続ける」と決めて部屋に戻ろうとしない子ども、保育者の声がまったく耳に入らずもくもくと遊んでいる子ども、「もっと遊びたい！」と言っていうことをきかない子どもがいます。

ほかの場面では

複数の特性や姿からタイプを判断します

- □「○○でないとダメ」という決まりごとがある
- □ 物や人への執着が強い
- □「いつもと同じ」が安心する
- □ 初めてのことはやりたがらない

▶▶▶ A こだわりタイプ

- □ 周りのことを気にしない
- □ 周りに合わせようとする気持ちが感じられない
- □ 人への関心が低い
- □ 一人遊びに没頭している

▶▶▶ B マイペースタイプ

- □ 保育者の働きかけに対して拒否する
- □ 自分でやりたがるがうまくいかずイライラする
- □ できることでもやりたがらない
- □ かまってほしいと感じる注目行動が見られる

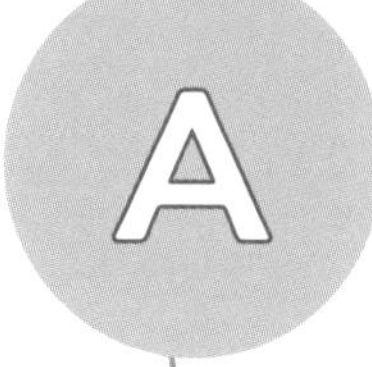

こだわりタイプ

観察

- 日常の中でいくつか儀式的な行動が見られる。
- 儀式的な行動がかなえられないと、やり直したり怒り出したりする。
- 行事などが近づくと調子が悪くなる。
- 初めての場所や活動を嫌がったり、やりたがらないことがよく見られる。
- 「これじゃないとだめ」「この人がいい」と執着する様子がある。
- 急な変更があるとかんしゃくを起こすなどの行動が見られる。

アセスメント

- 自閉傾向のある子どもは、不安で新しい状況の受け入れができない、体験していない状況や変化に自分の気持ちや行動を切り替えるのが難しいことがある。
- 周りの様子などからの情報をうまく受け取れない、処理できない場合、不安になる。こだわりは、この不安を解消する手段として、何かに執着したり、いつもと同じにして気持ちを安定させようとする脳の働きだといわれる。そのため、軽減したいこだわりを調整するより、その子どもの感じている不安を軽減する支援を考えたい。

支援のポイント

不安だから「いつもと同じ」にこだわり、変化を受け入れることが難しいと考えましょう。こだわりはその子らしさでもあるので、許容できるこだわりについては承認します。その上で、切り替えや変化の受け入れが必要な場合は、切り替えやすい場面や、変更の予告など、安心して切り替えに応じられる工夫をします。変化を受け入れても、こだわらなくても怖くなかったという体験を積み重ねていくことが大切になります。無理せず、放っておかずの支援を検討しましょう。

作成日：　○○年　○○月　○○日　　No. 1

現状	自分のお気に入りの車のおもちゃを友だちがさわると、怒り出す。順番や交代、貸し借りの話をするが、全く聞き入れられない。
アセスメント	物へのこだわりは、まず尊重して安心させる。お気に入りの車のおもちゃは、しばらく独り占めできるようにし、その後、部分的に手放せるように支援していきたい。
目標	車のおもちゃを「おもちゃ箱」に入れておくことで、かんしゃくを起こさず安心して遊ぶことができる。
支援方法	・本人専用のおもちゃ箱を作り、そこに車のおもちゃを入れる。 ・おもちゃ箱のことを説明し、車のおもちゃを使いたいときは先生に言ってねと伝える。 ・おもちゃ箱をほかの子どもが手を出せない場所に置く。 ・使いたいと言ったらいつでも使えるようにし、一人遊びのコーナーで遊ぶように促し、ほかの子どもとのトラブルを避ける。
結果	・いつでも、自分のタイミングで、誰からも邪魔されずに使えることがわかると、かんしゃくは見られなくなった。車のおもちゃが情動の安定に不可欠。 ・この支援を継続し、部分的に手放す機会を設定してみる。

こだわりを尊重するために使えるツールやその使い方も具体的に書くと、一貫した支援ができます。

作成日：　○○年　○○月　○○日　　No. 2

現状	車のおもちゃを常におもちゃ箱に入れておくと、かんしゃくを起こさず遊ぶことができる。
アセスメント	情動が安定してきているので、次のステップに進みたい。短時間、保育者が車のおもちゃを使うことに折り合ってもらうことから始める。
目標	車のおもちゃで遊んでいないときに、保育者に短時間貸すことができる。
支援方法	・車のおもちゃ以外で遊んでいるときに、「先生に車のおもちゃを貸して」と伝える。 ・タイマーをセットして５分間から始め、５分間貸してくれたら「ありがとう」とお礼を言いおもちゃ箱に返す。 ・イライラしたり、不安な様子が見られなければ、１週間後には10分、2週間後には15分と時間を延ばしていく。 ・おもちゃを人に貸しても大丈夫、という体験を積み重ねる。 ・車のおもちゃ以外に一人で安心して遊べる場面を支援する。
結果	保育者が「貸して」と言うと、「いいよ」とあっさり承諾してくれる。その間も、ほかの遊びで安定して遊んでいる。

支援を展開していく場合に、期間や時間などを具体的に記載すると、支援する人が変わっても安心して関われるでしょう。

作成日：　○○年　○○月　○○日　　No. 3

現状	お気に入りの車のおもちゃを保育者に一定時間貸せる。
アセスメント	ほかのおもちゃでも安心して遊べることが大切。不安だからこだわることを忘れずに、それまでと同じ方法で友だちにも貸せるように支援する。一人遊びの充実で気持ちを安定させながら次のステップに進む。
目標	車のおもちゃを、時間を決めて友だちに貸すことができる。
支援方法	・車のおもちゃ以外で遊んでいるときに、「○○くんに車のおもちゃを貸して」と伝える。 ・使い終わったら必ずおもちゃ箱に戻すことを約束する。 ・貸せないときは「嫌」と断ってもいいことも伝える。 ・気持ちに折り合いをつけて貸してくれたら、しっかりとほめる。 ・パズルやぬり絵、間違い探し、折り紙など好きな遊びを一人でじっくり遊べるように環境を調整する。
結果	・「嫌」と言うこともあったが、ほとんど「いいよ」と貸してくれる。返すときは必ず保育者が「箱に返しておいたよ」と伝えた。 ・戻したことを確認することもあったが、「わかった」とあまり気にしていないことが多かった。 ・車のおもちゃへの執着は軽減してきたようだ。

こだわりの軽減の理由をアセスメントに書くことで、今後のこだわりに対しての対応のヒントになります。変化の原因を書きましょう。

作成日：　○○年　○○月　○○日　　No. 4

現状	友だちに車のおもちゃを貸せるようになり、車のおもちゃを気にするそぶりも見られなくなってきた。
アセスメント	一人遊びの充実により、気持ちの安定が図れ、こだわらなくても大丈夫になってきた。自分の物と共有で使う物の区別はつくので、車のおもちゃをみんなで使える場所に戻してあげようと提案してみたい。
目標	こだわっていた車のおもちゃを箱から出して、おもちゃのコーナーに戻すことができる。
支援方法	・落ち着いているときに、「車のおもちゃを友だちに貸してくれてありがとう」と伝え、そろそろみんなが自由に使えるおもちゃの棚に戻してほしいとお願いする。 ・遊びたいときはいつでも遊べることを確認する。 ・友だちと上手に交代して遊べること、一緒に使って遊べるようになってきたことを認め、本人の了承を得る。
結果	・こだわっていた車のおもちゃを棚に戻すことができた。 ・友だちと一緒に遊んでいることもあり、「上手に遊べるよ」とうれしそうに報告してきた。 ・一人遊びの種類も増え、遊びの時間を安定して過ごせている。

Aタイプのとらえ方と計画の立て方

- こだわりタイプの子どもは情報処理がうまくいかず、常に不安を抱えています。そのため、「いつもと同じ」もの、場所、やり方などに執着することで安定を得ようとします。こだわりはできるだけ許容し、折り合いをつけられるようにスモールステップで支援します。
- こだわりだけに目を向けず、ほかの場面での安定を図ることも忘れないようにします。遊べないからこだわるということもよくあるので、好きな遊びで満足させて安定を図ることを並行して考えていきましょう。

今後の見通し

- こだわりは、生活に困らない場合は認めていくことが大切ですが、こだわりは形を変えて変化していきます。社会的に容認されるこだわり方を見つけていくとよいでしょう。
- 今後も、違う場面でのこだわりが見られたら、どこまでを認めどこから折り合いをつけるかを子どもの視点で考え、無理のない方法で支援していきます。

こだわりについて

こだわりには、次のようなものがあります。

変えないこだわり：物の位置や手順、スケジュール、着るものや履く靴を変えない
やめないこだわり：遊びや行動を終了しない
始めないこだわり：初めてのこと、場所や食べ物を受けつけない

こだわりは許容することが大切ですが、子どもの困り具合やこだわりの広がり、強さにより支援を考えます。変えても、やめても、初めてでも、つまり、こだわらなくても安心だったと感じられることが大切です。無理せず、スモールステップで支援を考えていきます。また、こだわりにとらわれすぎずにほかの楽しみや安心材料を見つけられるかも大切になります。安心な環境や関わりを用意しつつ、折り合いをつけられる方法を考えていきましょう。

B マイペースタイプ

観察

- 一人遊びが大好き。
- 他者への関心が年齢より薄い。
- 周りの状況を全く気にせず生活している。
- 周りの子どもより自分の行動がゆっくりでも気にしていない。
- 保育者が指示しないとなかなか行動できない。

アセスメント

- 自分のやり方やペースを固持して安定を図っている。
- 他者への関心が低いので周りの状況は気にならない。そのため、周りに合わせようという意識が育ちにくい。

支援のポイント

マイペースである、孤独に強いというのは強みでもあるので、保育者が集団適応を求めすぎない意識が大切です。周りと同じ行動を求めすぎるとストレスを抱えやすく、かんしゃくなどにもつながりやすくなります。

本人のペースを尊重しながら、切り替えてほしい場面を限定していきましょう。うまくいきやすい場面から支援を考えます。スケジュールを切り替える、タイミングを図る、切り替えやすい次の活動を提示するなど、支援を工夫していきましょう。

作成日:　○○年　○○月　○○日　　No. 1

現状	給食の前の遊びが終われない。みんなが片づけ始めて、次の準備をしていても全く気にせずに遊んでいる。声をかけても気にしない。
アセスメント	今遊んでいるものにしか意識が向かない、シングルフォーカスをもっている。マイペースなので、周りの状況を理解し行動しようとする意識が働きにくい。
目標	保育者に「つづき箱」を提示されると、おもちゃを片づけようとする。
支援方法	・遊びを途中で切り替えるときは事前に「つづき箱」に片づけることを提案する（「つづき箱」は、今やっている遊びを後で必ずできるという“魔法の箱”）。 ・一人遊びが多いので、一人で遊んでいるブロックやぬり絵などは「つづき箱」に入れるように促す。
結果	・「つづき箱」は理解できたが、箱に入れるまでにはかなりの時間を要している。 ・根気よく「つづき箱」の利用を伝えつつ、もう少し時間を短くしていきたい。そのためには、切り替えのときの“お楽しみ”の提示が有効だろう。

結果に、次の支援の展開の方向性を記載すると、支援のステップ、流れが見えやすくなります。

作成日:　○○年　○○月　○○日　　No. 2

現状	「つづき箱」の使用には応じているが、片づけまでの時間は長くかかる。
アセスメント	途中で終わることが難しいので、切り替え後のお楽しみを提案し、「切り替えることも悪くない」と思えるように支援する。
目標	給食前の保育者との電車しりとりを楽しみに、おもちゃを「つづき箱」に入れて遊びを終えることができる。
支援方法	・保育者が20数えている間に「つづき箱」におもちゃを片づけるよう事前に約束してみる。 ・約束を守れたら、給食準備中に電車しりとりをしようと誘い、切り替えるためのごほうびとして提案する。 ・今までと同様、視線を合わせて片づけの指示をして、電車しりとりしようと伝え、20数えてみる。 ・応じたらしっかりとほめ、電車しりとりをリソーススペースで行う（給食準備中）。
結果	・電車しりとりが楽しみになり、20数えるのを待たずに片づけられる。 ・２週間経ち、しりとりには飽きてきたので、後出しじゃんけんにした。定期的に遊びを変更していく必要はありそう。 ・保育者との関係もよい。

切り替えが難しい子どもには切り替え時のお楽しみを設定してみます。具体的に何を使うかを書き込むとよいでしょう。

作成日： ○○年 ○○月 ○○日 No. 3

現状	散歩に行くときに､｢お散歩に行くよ｣と伝えると｢うん｣と返事はするものの､応じようとはしない。戸外に出るのを嫌がることもある。散歩に行ってしまえば楽しめている。
アセスメント	散歩に行くという声かけだと、どこに行って何をして遊ぶのかのイメージがもてず、今遊んでいることから切り替えられない。
目標	散歩に行く場所や遊びの内容などを具体的に提案されると、切り替えて散歩の準備ができる。
支援方法	・散歩のコースや場所をあらかじめ知らせる。そのコースや場所で楽しみにしている遊びや活動を絵や写真で示してみる。 ・お気に入りの滑り台の写真やシャボン玉遊びの絵、電車を見ることなどがイメージできるような視覚的手掛かりを提示する。
結果	・散歩の目的や具体的な遊びを視覚的に提示することで、驚くほど切り替えがよくなった。｢つづき箱｣も活用して、安心して片づけにも応じてくれている。 ・楽しめるアイテムで見通しをもつことが、切り替えをスムーズにすると理解できた。

その子どもの興味・関心が支援のヒントになるので、できるだけ書き込みましょう。

作成日： ○○年 ○○月 ○○日 No. 4

現状	｢つづき箱｣と散歩の際の具体的な遊びの提示で、切り替えて行動することがスムーズになってきた。
アセスメント	活動の保障と、やることの見通しをもたせる支援が有効。様々な場面で活用してみるとよいだろう。
目標	スケジュールが絵カードで提示されることで、今やっている遊びが再び必ずできるとわかり、集団の活動に切り替えることができる。
支援方法	・本人用のスケジュール表を作り、次にやること、そのあと今の続きができることなど、見通しをもたせて切り替えを促す。 ・活動や遊びができるだけ具体的にイメージできる絵カードをスケジュール表に入れて、提示する。 ・絵カードを見ながら切り替えやすい活動を本人と一緒に選択し、スケジュール調整を図りながら、クラスの流れにのれるよう支援する。
結果	・スケジュール表で見通しがもてるようになり、今片づけても後でできること、今やめても次に楽しいことが待っていることがわかるようになり、調整がきくようになってきた。 ・スケジュール表を使いながら、今後の予定を相談することもできる。

Bタイプのとらえ方と計画の立て方

●マイペースで、じっくり物事に取り組めるのは長所でもあります。マイナスにとらえず、切り替えてほしい場面には、視覚的支援を使って見通しをもたせたり、イメージをはっきりさせるなどの工夫をしていきましょう。

今後の見通し

●マイペースで行動の切り替えがうまくいかないタイプは、途中で終わりにくいという特徴をもっています。そのため、終わりがはっきりしている遊びや活動を切り替えの場面でマネジメントできるとよいでしょう。ままごとなど、終わりがはっきりしない遊びではなく、折り紙やぬり絵、絵本など、終わりが明確にわかるものを選びます。

●今の遊びや活動で頭の中がいっぱいになっていると、次の活動に切り替えられないということがあります。その場合は、頭の中に次の場面を差し入れていくイメージで対応します。本人の好きなものが提示できると、切り替えがよくなります。

●上記２つの支援を中心に展開していくと、切り替える力が向上していくと考えられます。

マイペースとシングルフォーカス

マイペースな子どもは遊びに集中しやすい傾向があり、今やっていることしか見えなくなることがよくあります。このことを「シングルフォーカス」と表現します。今しか見えないので、次の活動を“見える”ように伝えることが大切です。まさに新しい画面を提示する感覚です。

「お部屋に入るよ」より「紙芝居を読むよ」、「片づけます」より「電車しりとりをするよ」のほうがよいのです。楽しいことが待っていれば、部屋に入ることも片づけることもスムーズにできる可能性が高くなります。我慢して切り替えるという認識ではなく、切り替えると楽しいことが待っている、切り替えるのは嫌じゃないという認識がもてるように支援していきましょう。

マイペースは強みでもあるので、マイペースを活かしながら必要な場面で切り替えられる練習をしていけばよいと考えてください。

イヤイヤ期・反抗期タイプ

観察

- 切り替えの場面だけでなく、ほかの場面でも保育者の促しを拒否する。
- 言い聞かせようとするとさらに言うことを聞かない状態になる。
- 自分から気分よくやることもあり、気分にムラがある。
- おもちゃを独り占めするなど、自分の思いを通そうとする。
- できないことも「自分で」と主張し、できずにイライラする。

アセスメント

- 自我が芽生え自己主張が激しくなり、保育者の指示や促しや要求に対して素直に応じられない。年齢が高くてもこのような様子を見せる場合はイヤイヤ期ととらえ、寛容に対応することが求められる。その一つの表現として、切り替えが難しい場面が増えていると考えられる。

支援のポイント

イヤイヤ期・反抗期は一過性のものなので、寛容に見守る姿勢が大切です。誰にも少なからず見られる発達の過程ですが、配慮の必要な子どもはこの時期がずれたり長引いたりする傾向があり、説得する、言い聞かせるという対応は、かえって子どもの気持ちや行動の切り替えを難しくする可能性があります。

「やりたくないのねー」と受け流し、反抗する行動は見て見ぬふりをしながらタイミングをみて、次の行動をシンプルに促してみましょう。「自分のタイミングで来てね」と本人の意向を大切にすると、意外と気分よく切り替えてくることも多いものです。保育者の焦りやイライラはできるだけ避けましょう。気分をさっと変えるような声かけや関わりも有効です。

作成日:　○○年　○○月　○○日　No. 1

現状	午睡前・後の着替えの際に、「着替えるよ」と促すと「嫌だ、着替えない」とかたくなに拒否することが多い。かんしゃくを起こすこともある。
アセスメント	保育者から指示されることが不快なのかもしれない。洋服が汚れていないならそのまま着替えずに寝かせることも含め、嫌という気持ちに寄り添う対応が必要かもしれない。
目標	着替えなくても自ら布団に来る。
支援方法	・着替えましょうという促しを一切やめてみて、本人の様子を見守る。その際、「ここに置いておくから自分で着替えてね、待ってるよ」と伝えておく。 ・しばらく待っても着替えないときは、そのままおいでと声をかけ、着替えずに布団に来ても、よく切り替えたねとほめる。 ・洋服が汚れていたら、寝ついてから着替えさせてもよい。
結果	・まずは気持ちの安定を考え、本人の自主的な行動を見守るようにすると、イライラする様子は軽減した。 ・着替えずに布団に来てもほめられるので、気持ちは安定してきた。自分から着替えるときも数回あった。 ・しばらくは、嫌という気持ちを尊重したい。

嫌という原因は様々なので、仮説でもその理由をアセスメントに書きましょう。計画を使う人に、支援の意図が伝わることが大切です。

作成日:　○○年　○○月　○○日　No. 2

現状	嫌という気持ちを尊重すると、布団に入るのはスムーズ。自分からという気持ちを尊重することで、自ら着替える姿もあった。
アセスメント	「保育者から促される→反発する」というパターンをリセットすることが必要。
目標	ときどき自分から着替えることができる。
支援方法	・着替えは、パジャマだけでなく洋服の中からも選べるようにして、選択肢を増やしておく。 ・自分で着替えてきたら、「先生うれしいなあ」と行動（自分から始めたこと）を承認する。 ・着替えず布団に来ても、布団に来たことを承認する。
結果	・着替えられることが増えてきた。選択肢を増やしたこともよかったようで、好きな洋服を選んでいることが多い。「自分でできたよ」とうれしそうに報告する。 ・機嫌が悪いときは着替えずにそのまま布団に来ることもあったが、布団に来られたことをほめると、うれしそうにしていた。

作成日：　○○年　○○月　○○日　　No. 3

現状	着替えの際、パジャマと洋服のかごを出して、「お布団で待ってるよ」とだけ声をかけるようにすると、３回に１回程度は自分で着替えて来るようになった。
アセスメント	自分の意思を尊重されたと感じている様子。引き続き、待つ姿勢で対応する。
目標	自分で着替え始めることを増やす（３回に２回程度）。
支援方法	・今まで同様、着替えの準備を提示し見守る。 ・時間がかかるときは、「トントンするからおいで」と気分よく布団に来られるように声をかけてみる。 ・自分から着替えて来たら、「先生うれしいなあ」とアイメッセージも交えて伝える。
結果	・自ら着替えて来ることが、8割。着替えができないときも布団にはスムーズに来る。 ・着替えのときの保育者との対立がなくなり、ストレスを感じずに午睡に入ることができている。

支援方法に、具体的な声かけのセリフを入れておくと、支援をする保育者はイメージがわきやすいでしょう。

作成日：　○○年　○○月　○○日　　No. 4

現状	自分から着替えることが増え、着替えずに来ても承認されるので気持ちも安定し、ほかの場面——食事やおやつの前の手洗いのときも、強く拒否したりかんしゃくを起こすことは減っている。
アセスメント	ほかの場面でも「自分から」「気分よく」やれるような支援を展開してみる。声をかけつつ、見守ってみる。
目標	手洗いの場面で、声かけに応じようとする。
支援方法	・クラス全体に向けて「手を洗いましょう」と声をかける。 ・「嫌だ」と強く拒否した場合は「嫌なのね。わかりました」と受け流し、見守る。 ・時間がかかる場合は、「おいしいおやつが待ってるよ」など、手を洗った後の楽しみを伝えてみる。 ・自分から行動を起こしたらほめる。
結果	・行動を促すことを極力しないようにすると、子どもは促しに対して拒否するという行動が喚起されなくなり、少し時間がかかっても、自分からやり始めることが確実に増えてきた。 ・生活習慣の促しは特に、子どもにとってはやりたくないことを何度も指示されるような感じになっていたのかもしれない。

Cタイプのとらえ方と計画の立て方

- 保育者が正論を言うことで壁になり、反抗が強くなると考えましょう。イヤイヤ期や反抗期は発達上必要なことだと考え、保育者が寛容になることが何より大切です。
- 共感しながら、見守る、タイミングを図る、信頼して本人に任せるなど、対立しない支援を検討しましょう。

今後の見通し

- 行きつ戻りつしながらも、イヤイヤ期や反抗期は必ず落ち着きます。また、この時期こそ子どもが当たり前にできているところをいつも以上に承認していくと、落ち着きが早まります。
- 保育者の枠組みに入れようとして対立すると、イヤイヤ期や反抗期が長引きます。保育者から信頼され承認されることにより、子どもの中で、「認められたい→保育者に協力的になる」という姿に変わっていきます。

イヤイヤ期・反抗期のとらえ方

イヤイヤ期や反抗期は、「わがまま」に見えますが、子どもに自我が芽生えている時期です。集団の中では対応が難しいこともありますが、「今やらせなくちゃ」「○○すべき」という考えを手放してみましょう。
保育者の見方や対応により、子どもとの緊張状態が緩みます。子どもは自分が尊重されていると感じ、うまくいかない関係から抜け出ることができます。

配慮の必要な子どもは、育てにくさが相まってさらに混乱をきたしやすい時期となります。保育者が疲弊し、余裕のない緊張関係が、“叱る→言うことを聞かない→対立”という悪循環を生みます。この悪循環を断ち切るためには、保育者が子どもの自己主張を寛容に受け入れることが大切です。

友だちとのトラブルが多い

わがまま？　マイペース？

この場面の
観察
ポイント

自由遊びの時間にままごとをしている子どもたちがいます。その中の一人の子どもが、一方的に友だちに話しかけて、まわりの子どもたちが困った顔をしています。しばらくすると、「わたしがご飯を作るよ」と言って、友だちが使っていたおもちゃの鍋を強引に奪い取りました。

ほかの場面では

複数の特性や姿からタイプを判断します

- □ 自分の物と人の物の区別がつきにくい
- □ 順番や交代がわからない
- □ 自分の使っている物にさわられると大騒ぎをする
- □ 遊びの中で、譲ったり、気持ちに折り合いをつけることが難しい

▶▶▶ A 社会性の発達が未熟なタイプ

- □ 目の前のことしか見えていない（周りの状況の理解が難しい）
- □ トラブルになると相手ばかりを責める
- □ トラブルになると保育者の話を聞けない
- □ 思い込みが強く、他者の考えを受け入れることが難しい

▶▶▶ B シングルフォーカスタイプ

- □ 一方的に自分の主張ばかりをする
- □ 相手の嫌がることを悪気なく繰り返す
- □ 役割分担がよくわからず自分本位に行動する
- □ 集団ゲームのルールを勝手に変えてしまう

▶▶▶ C 他者の視点に立てないタイプ

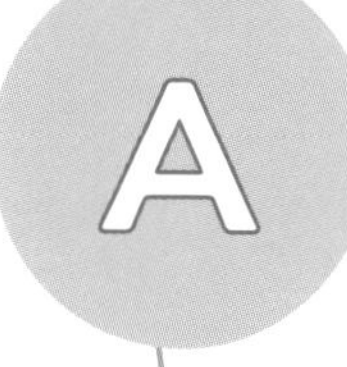

社会性の発達が未熟なタイプ

観察

- 友だちと同じ場所で遊んでいると、おもちゃの取り合いになることが多い。
- 交代など、簡単なルールに応じることが難しい。
- 人の物を勝手にさわったり、自分の物のように取り上げたりする。
- 友だちのおもちゃを壊すなどトラブルのときに、「ごめんね」と謝ることができない。
- 友だちと同じ場で遊ぶのを嫌がる様子がある。

アセスメント

- 年齢相応の遊びの発達段階に至っていないため、友だちとのトラブルになってしまう。
- 子どもの社会性の発達段階に応じた遊び環境を提供することが必要である。

支援のポイント

「一人遊び」の発達段階にある子どもは、友だちと同じ場で遊ぶ「平行遊び」や、やり取りが盛んに行われる「連合遊び」、協力を求められる「共同遊び」の場では、求められるスキルが高すぎて適切にふるまえず、トラブルメーカーになってしまいます。

子どもの社会性の発達段階が生活年齢（暦年齢）とずれていると、遊びの場で社会性の要求水準が高くなるので、保育者はその子どもの発達段階を適切に理解し、子どもの状態に応じた遊びの環境を提供することが必要です。まずは、遊びの発達段階を評価することから始めましょう（133ページ参照）。

作成日:　○○年　○○月　○○日　No. 1

現状	自分のお気に入りの車のおもちゃを友だちが少しでもさわると、怒ってかんしゃくを起こす。物事の理解はよいが、順番や交代、貸し借りの話は全く聞き入れられない。
アセスメント	一人遊びの発達段階であるのに、平行遊びの場で遊んでいるため、かんしゃくを起こす。一人で安心して遊べる環境設定が必要と考える。
目標	一人遊びのコーナーで落ち着いて、じっくり遊ぶことができる。
支援方法	・一人で落ち着いて遊べるコーナーと本人の好きなおもちゃを用意し、安心して遊べるようにする。 ・どのくらいの時間、落ち着いて遊べるかを観察すると共に、好きな遊びについても今以上に種類を増やしていけるように検討する。
結果	・一人で30分以上じっくりと遊ぶことができる。 ・好きなおもちゃを入れ替えたり、保育者が提案することが増えてきて、飽きることなく遊べている。友だちとのトラブルはなくなり、かんしゃくは見られない。 ・しっかり遊ぶことで気持ちも安定したせいか、そのほかの場面でもかんしゃくは確実に減ってきた。

具体的な遊びの設定などは、文字だけでなく簡単な絵やイラストなどで、表現してもよいでしょう。

作成日:　○○年　○○月　○○日　No. 2

現状	一人遊びのコーナーでじっくり遊べている。好きなパズルや知育玩具から、「平行個別遊び」を設定してみたい。
アセスメント	遊びの場面では落ち着いているので、平行個別遊びを設定してみる。自分の物がしっかり守られている安心感があれば、場を共有して遊ぶことが可能だと考える。
目標	自分のおもちゃをしっかりと確保できる設定の中、場を共有して遊ぶことができる。
支援方法	・机の上に、それぞれが遊ぶ物を個別のかごに入れて、場を共有して遊んでみる。 ・ほかの子どもが気になるようなら、１人机を４人机につける方法で距離をとるようにする。 ・友だちのかごに手を伸ばさないことや、友だちに「貸して」を言わないことなど、一人遊びであることを伝え、安心して遊べるようにする。
結果	友だちと場を共有して、落ち着いて遊んでいる。かごでおもちゃが仕切られて視覚化されたことで、不安が軽減していると考えられる。

「平行個別遊び」は、同じテーブルで遊んでいるけれど、おもちゃなどを共有することなく、個々がそれぞれの遊びを行うこと。自分の物と友だちの物の区別が明らかで、それぞれの遊びを尊重しながら安心して遊べる設定。「平行遊び」の前段階として、あえて設定します。

作成日：　○○年　○○月　○○日　　No. 3

現状	平行個別遊びを設定すると、トラブルやかんしゃくを起こさず遊べている。
アセスメント	かごの活用により、自分の物と友だちの物がはっきりと視覚的に区別されたことがよかった。安心できる場面で交換・交代を練習してみるとよいだろう。
目標	遊んでいるおもちゃを遊び終わったら交換することができる。
支援方法	・遊びがひと段落したら「友だちと交換して遊んでみる？」と声をかける。 ・拒否しないようなら、保育者が仲立ちとなり「交換」を促す。 ・交換しても安心して楽しく遊べるように保育者が見守る。
結果	・かごごと交換するので交換しやすいこと、次に何をして遊ぶかがわかりやすいことから、スムーズに交換ができるようになった。 ・「いろいろなおもちゃでみんなと遊べて楽しいね」と声をかけると「うん」と言いながらにこにこして遊んでいる。

安心して遊べるための方策、安心が確保された状態で次のステップを積み重ねていくように記載することを心がけます。

作成日：　○○年　○○月　○○日　　No. 4

現状	かごで仕切って遊ぶこと（平行個別遊び）で、交換・交代ができるようになる。
アセスメント	自分の物が明確に確保された状態なら、おもちゃの共有もできる。「貸して」「待っててね」「次いいよ」などのやり取りを練習させたい。
目標	保育者から「貸して」と言われたら「いいよ」や「待っててね」、貸せる状態になったら「次いいよ」などと伝えようとする。
支援方法	・まずは、遊びの切りのいいところで、保育者が「貸して」と言ってみる。 ・「『いいよ』『待っててね』どっち？」と答えを促し、「いいよ」と交代できたら「ありがとう」と承認。「待っててね」と言えたら「わかった、終わったら教えて」と伝える。 ・「次いいよ」「どうぞ」などと譲れたら、ほめる。
結果	・「いいよ」や「待っててね」は上手に返答できる。イライラした様子もない。 ・次は、友だちからの声かけに関しても、同じような返答ができるよう、保育者が仲立ちになっていくとよいだろう。

Aタイプのとらえ方と計画の立て方

- 自由遊びでの子どもの困った行動は、遊べていない、もしくは遊びの発達段階と遊びの設定が合っていないことが原因となります。
- 保育者は遊びを通して社会性の発達を育みたいと考えがちですが、その準備が整っていない場合は、その子どもの発達段階に応じた遊びの環境を用意することが必要です。

今後の見通し

- しばらくは、一人遊び、または、個々の遊びが明確に分けられた平行個別遊びを継続していきます。その中で、保育者が仲立ちとなり、おもちゃのやり取りなどができるように支援をしていきます。
- 子どもが安心して遊べることが何よりも大切です。一人遊びでじっくり遊べることは、配慮が必要な子どもの場合、特に大切な力になります。

ヒューマンエラー（子ども自身の間違い）とシステムエラー（環境が合わない）

子どもは友だちと遊ぶ中で対人スキルを学び、社会性を発達させていきます。しかし、その発達には段階があり、ゆっくり進んでいく子どももいます。まだ一人遊びの段階の子どもが、平行遊びの中で友だちとうまく関わりなさいと要求されても、うまくふるまえず、周りからトラブルメーカーのように見られてしまいます。

クラスの子どもたち一人ひとりの段階や人数に応じて、コーナーやおもちゃを用意すると、環境が整い、対人関係のトラブルは激減します。ヒューマンエラー（子ども自身の間違い）ではなく、システムエラー（環境が合わない）と考えて、支援を工夫していくことが必要です。

B シングルフォーカスタイプ

観察

- 自分の興味や関心に集中して周りの状況が見えなくなる。
- 自分が先に手を出したのに相手がたたいたと主張することがある。
- 以前にあったことは忘れていて今の状況だけで理解している。
- ずるをしているのに、ずるはしていないと主張することがある。
- 周りを気にせず好きなものに突進する。

アセスメント

- 興味のあるものに集中しすぎて周りが見えない、自分に都合のよい状況にフォーカスし、ほかは気にしないなど、全体の状況理解が難しい。そのため、友だちとのトラブルにつながる。

支援のポイント

シングルフォーカスの子どもは思い込みが激しいので、まずは気持ちを落ち着かせて、周りの状況や自分の思い込みに気づかせる働きかけが必要となります。

本人の言い分を聞いて、保育者の正論で追い詰めないようにします。落ち着いて話ができ、理解が伴う場合は、周りの状況を適切に理解したり、自分の主張に折り合いをつけたりすることもできます。

作成日:　〇〇年　〇〇月　〇〇日　No. 1

現状	自由遊びの時間、友だちとのトラブルが多い。トラブルになると、自分の主張を強く言い、興奮することもある。
アセスメント	シングルフォーカスのため、自分の思いや主張を否定されると、他者の話が耳に入らず落ち着かない。まずは、本人の言い分を丁寧に聞いて、気持ちを落ち着かせることが大切。
目標	トラブルの際、保育者に話を聞いてもらい気持ちを落ち着かせられる。
支援方法	・おもちゃの取り合いなど、友だちとのトラブルの際は、少し場を離れて本人の言い分を否定せずに聞く。つじつまが合わなくても詰問せず、「あなたはそう思ったのね」と肯定的に最後まで聞く。 ・気持ちが落ち着いてきたら、「よく話してくれたね」と自分の考えや思いを伝えてくれたことをほめる。 ・気持ちを切り替えられたらOKとし、違う遊びを促してみる。
結果	・早めにトラブルに介入し、場を離れ、話をじっくり聞くことで、気持ちをすぐに落ち着かせることができた。自己中心性が高い言い分ではあるが、話したことをほめるとうれしそうにしている。 ・トラブルはジャッジせず、気分を切り替えられるような違う遊びを促すと素直に応じてくれる。トラブルが長引かなくなったのはよい。

作成日:　〇〇年　〇〇月　〇〇日　No. 2

現状	トラブルになっても話を聞いてもらうことで気持ちを切り替え、ほかの遊びに転換できる。
アセスメント	切り替えがうまくなったので、客観的な状況を説明し、思い込みに気づけるようにしていきたい。
目標	トラブル後、落ち着くと保育者の状況説明を聞くことができる。
支援方法	・これまでどおり本人の言い分をよく聞き、気持ちを落ち着かせる。その後、「先生の話も聞いてほしい」と伝え、トラブルの原因や状況を穏やかに話してみる。 ・聞くことができたらほめる。本人の状態が安定しているようなら「先生のお話を聞いてどう思うかな？」と問いかけてみる。本人なりの考えを言えたら、是非は問わずほめる。
結果	途中、保育者の説明を否定することがあったが、先生の考えだから聞いてと言うと最後まで聞くことができた。これまではこうした場面で保育者の話を全く聞けなかったので、今後も違う見方や考えに気づけることを大切にしていきたい。

本人を否定せず、よい関係を築く方法を具体的に表現しましょう。

作成日：　○○年　○○月　○○日　　No. 3

現状	トラブル時に気持ちを落ち着け、保育者の話も聞き入れられるようになってきた。
アセスメント	トラブル時の思いを本人に聞き、保育者の考えを伝えたあと、次に同じことが起こったらどうしたらよいかを相談したい。トラブルがあっても工夫次第で解決できることを理解してほしい。
目標	トラブルの解決策を一緒に考えようとする。
支援方法	・話を聞き、保育者の考えを伝え、次はどうすればいいかを聞く。 ・答えが出ない場合は、保育者がいくつか提案し、選んでもらう。 （例）おもちゃの取り合いになったとき ▶先生を呼びに来る　▶違うおもちゃを探す　▶安心ボックスから好きなおもちゃを自分で出す　▶落ち着く場所に行って好きな車の本を見る ・どうすればよいか考えられた、または、提案の中から選択できたらほめ、次はその方法が使えるように保育者が手伝う。
結果	おもちゃの取り合いになったときは、落ち着く場所に行って好きな車の本を見ることを選んだ。「あきらめて気分を変えるってことだね」と保育者が伝えると、「うん」と納得。実際の場面でも意識して、トラブルを回避できた。

トラブルを起こしても、次に向けて相談することが大切です。そのプロセスを具体的に記載しましょう。

作成日：　○○年　○○月　○○日　　No. 4

現状	トラブルの後イライラしても、保育者が提案した方法で気分を変えることができる。
アセスメント	気分を変えた後にトラブルの経過を話したら、自分の思い込みに気づけるかもしれない。
目標	気持ちを落ち着けて保育者の話を聞き、自分の思い込みに気づける。
支援方法	・気持ちが落ち着いたら、トラブルの経過を思い出してもらいながら話し、確認する。 ・トラブルのときの本人の気持ちや、やりたかったことを尊重しつつ、認識のずれや、思い込みなどに気づけるように丁寧に話す。 ・気づけたら、次からこうしてみようと提案。気づけなくても話し合いに応じたことをほめ、話し合うことの動機づけを維持していく。
結果	・気持ちを落ち着けて相談することができるようになった。 ・「相談したらうまくいった」という成功体験を積み重ねたい。

Bタイプのとらえ方と計画の立て方

- 本人の言い分を傾聴し、その上で気持ちを落ち着かせるための支援を考えます。気持ちの落ち着かせ方が上手になってから、次のステップへ進みます。
- 保育者に相談したり思い込みに気づけるよう、具体的な場面で対応を検討しましょう。

今後の見通し

- 気持ちを落ち着かせて話を聞けるようになり、今後について相談までできるようになりました。今後は否定せずに、どのようにしたらうまくいくかを一緒に考えるスタイルをとることが大切になります。保育者に相談したらうまくいくという体験を積み重ね、保育者に相談しようという気持ちを育んでいけるとよいでしょう。
- 頭の中が今の遊びや活動でいっぱいになっていると、次の活動に切り替えられないことがあります。その場合は、頭の中に次の遊びの映像を差し入れていくイメージで対応します。
- 上記２つの支援を中心に展開していくと、切り替える力が向上していくと考えられます。

シングルフォーカスと友だちとのトラブル

49ページでも説明したシングルフォーカスという特性がある場合、場の流れや全体像が見えず、状況を理解することができません。「木を見て森を見ず」というように、友だちとの意見の食い違いや、自分勝手なふるまいにつながります。事実と、子どもに見えている「真実」が、ずれていることが多いので、まずは問い詰めることなく本人の言い分を聞くことから始めます。

子どもの気持ちが落ち着いてきて、保育者に安心感をいだくようになったら、保育者の考えを伝えます。その上で、どのようにしたらうまくいくかを子どもと相談します。トラブルを解決することばかりに目を向けず、子どもが困ったときに保育者に相談できる関係づくりを大切に、子どもに関わってほしいと思います。

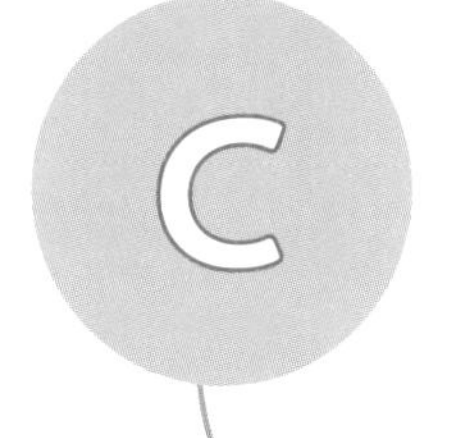

他者の視点に立てないタイプ

観察

- 遊びのルールを自分ルールに変えようとする。
- 悪気なく、相手が傷つくような言動をする。
- 場の空気を読むことが苦手。
- 周りに合わせようとするのが難しく、一人だけ浮いてしまうことがある。
- 相手の表情の読み取りが苦手。

アセスメント

- 相手の視点に立って物事を考える力（心の理論）の発達は４歳以降に進むが、この発達がゆっくりだと考える。
- 知的には遅れがなくても、心の理論の発達が遅れることもあるので、相手の視点に立つことが難しいゆえの言動だと考えられる。

支援のポイント

心の理論は教えられるものではなく、発達を待つしかありませんが、未熟さによるトラブルは回避していきましょう。そのために、相手の視点に気づかせることで、トラブル回避のスキルを具体的に伝え、それを使ってうまくいったという経験を積み重ねていくようにします。

作成日：　○○年　○○月　○○日　No. 1

現状	相手が嫌がっているのに、しつこく身体にさわってしまう。
アセスメント	相手の視点に立てないので、悪気はない。自分は悪いことだと思っていない。具体的なふるまい方を伝えることが大切。
目標	「人にわざとさわらない」というルールを意識して行動する。
支援方法	・「友だちが嫌がっているからやめよう」と言っても理解が難しいので、クラスのマナーとして、「人にはわざとさわらない」とみんなにも伝える。 ・「前ならえ」で並ぶことを教え、それを応用して、人と話すときは前ならえの距離で話す（腕の距離を保つ）、と教える。 ・友だちとの距離が近すぎるときは、「前ならえの距離ね」とさりげなく伝え、意識させる。 ・距離を保って話しているときはほめる。
結果	距離感を意識して関われるようになってきた。遊んでいるうちに興奮して、つい距離を詰めてしまうことがあるが、さりげなく距離をとるように伝えると、すぐに修正ができた。

距離をとるなど抽象的な概念を伝えるときは、その具体的な支援方法を書きましょう。相手が嫌がらないように、という伝え方だと、理解できません。

作成日：　○○年　○○月　○○日　No. 2

現状	友だちと一定の距離を保って関わることができるようになってきたが、相手が傷つく言葉を遠慮なく言ってしまい、相手から苦情が来ることがある。
アセスメント	思ったことをそのまま言葉に出している。相手の視点に気づけず、相手が傷ついていると思っていない。この場合も、ルールやマナーとして言葉の使い方を教えることが大切。
目標	友だちのよいところを探して、言葉にしてみる。
支援方法	・クラス全体に、友だちのよいところ、素敵なところを探して言葉にしてみようと伝える。 ・「素敵な絵だね」「上手に折り紙が折れているね」「笑顔がかわいいね」「お話が上手だね」など、ほめ言葉を掲示する。 ・よいところを探して友だちに言葉をかけたら、すかさずほめる。
結果	・否定的な言葉はなくならないが、相手をほめる言葉は増えている。このままほめ言葉を増やすことにフォーカスして支援することがよいだろう。 ・相手の視点に立つことより、適切なふるまいを増やすことを意識したい。

できないところを修正するのではなく、できているところを強化する視点も大切です。

他者の視点に立てないタイプ

作成日:　〇〇年　〇〇月　〇〇日　　No. 3

現状	一定の距離をとり、ほめ言葉を使えるようになってきた。「こう言うと、〇〇ちゃん（友だちの名前）は嫌なの？」など、相手の視点を知りたいという言動が見られる。
アセスメント	いきなり相手の気持ちに気づくのは難しい。まずは自分の視点を確認させて、自分視点から相手視点に切り替えられる働きかけが必要。
目標	保育者の仲立ちで、自分視点から相手視点に切り替えることができる。
支援方法	・おもちゃの取り合いなど、自己主張をしているときに保育者が仲立ちとなる。まずは、場所を移動し、「〇〇くんはこのおもちゃ使いたいんだよね」と自分視点を確認する。 ・「〇〇くんがこのおもちゃを使いたい気持ちと〇〇ちゃんが使いたい気持ちは同じだよ」と伝える（自分視点から相手視点に切り替える）。 ・自分の気持ちから相手の気持ちに気づいてもらえるように、穏やかに丁寧に話してみる。
結果	・自分視点から相手視点に切り替える声かけで、「〇〇ちゃんもぼくと同じで使いたいんだね」と言うことができた。 ・自分の気持ちに折り合いをつけることは難しいが、相手視点への気づきはあった。

↓

作成日:　〇〇年　〇〇月　〇〇日　　No. 4

現状	相手視点に気づくことはできてきたが、まだ自分視点が強く、トラブルになる。折り合いのつけ方を考えていけるように支援したい。
アセスメント	相手視点に気づけたのは大きな前進。気づいて、いかに気持ちに折り合いをつけるか、トラブル解決方法のスキルを増やしたい。
目標	相手視点に気づき、気持ちに折り合いをつけながら、トラブルの解決方法を保育者と相談できる。
支援方法	・トラブルになったときに、本人の気持ちを確認した上で、その気持ちは〇〇ちゃんも同じ、または、「〇〇ちゃんはこう思っているんだって」と相手の気持ちを伝える。 ・〇〇ちゃんの気持ちに気づければOKだが、気づけなくても、トラブルを解決する方法を保育者と考えてみようと提案する。 ・保育者の意見や解決方法をいくつか提示し、本人に選択させる。
結果	相手の気持ちを伝えると、聞き入れることはできる。聞き入れた上で解決方法を考え、やってみようとしてくれる。例えば、「言い方を変えてみる」「相手に譲る」「先生と一緒に謝る」など、場面に応じて、保育者に支援されながら行動していることは評価できる。

解決方法も具体的に書きましょう。このほか「違う遊びに切り替える」「じゃんけんで決める」「先生に決めてもらう」「時間を決めて交代する」などがあります。

Cタイプのとらえ方と計画の立て方

●相手の視点に立てない場合、相手の気持ちを代弁して理解させようとするより、場面ごとに、ふるまい方をマナーやルールとして伝えます。「正しいこと」というより、「そのほうがうまくいく」「得だ」というスタンスで理解を進めていきましょう。

今後の見通し

●相手視点を理解するのは発達を待つしかありませんが、気づきを与える支援を考えてみましょう。

●保育者の丁寧な仲立ちが必要ですが、現在の、「気づき→折り合い→解決方法を見出す→その方法を使ってみる」という循環を継続し、支援していくことが必要です。

心の理論

心の理論が育っていないと、「相手の気持ちを考えて」という声かけは理解できません。この発達を通過しているかどうかの見極めが必要です。見極めるためには　以下の「サリーとアンの課題」に正答できるかで判断します。

［問］サリーは、ボールを自分のカゴに入れて外に出かけました。アンは、サリーがいない間に、サリーのボールを自分の箱に入れました。さて、サリーは帰ってきて、どこにボールがあると思うでしょう。

「箱」と答えた子どもは、まだ心の理論が育っていません。

心の理論を育てるためには、相手の気持ちを考えようという働きかけより、ルールやマナーとしてかっこいいふるまい方を伝えるとよいでしょう。

生活習慣の自立が進まない

どうしてできないのかな？

この場面の観察ポイント

朝の支度の場面。保育室に入ってくる子どもに、保育者が「おはようございます。お支度をしようね」と声をかけます。多くの子どもが慣れた様子で支度をする中、何をしていいかわからずにボーっと立っている子ども、支度の順番が思い出せず困っている子ども、タオル掛けにうまくタオルをかけられずにいる子どもの姿があります。

ほかの場面では

複数の特性や姿からタイプを判断します

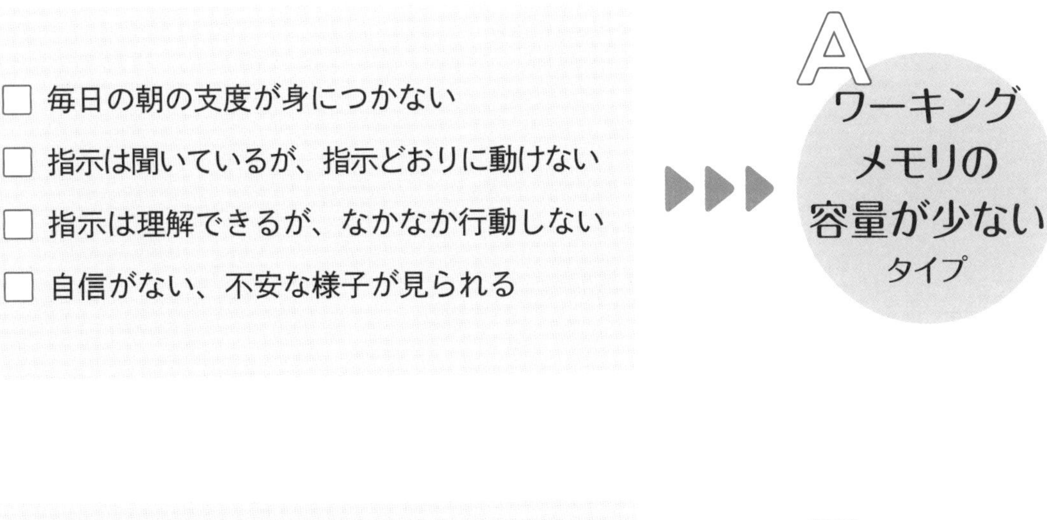

- □ 毎日の朝の支度が身につかない
- □ 指示は聞いているが、指示どおりに動けない
- □ 指示は理解できるが、なかなか行動しない
- □ 自信がない、不安な様子が見られる

- □ 集中して手元を見る力が弱い
- □ 力加減が調整できない
- □ 触覚過敏がある
- □ 人物の絵をうまく描けない

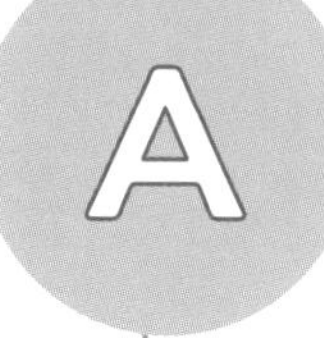

ワーキングメモリの容量が少ないタイプ

観察

- 朝の支度、着替えなど、毎日の習慣が身につかない。
- いくつかの指示を伝えるが覚えられない。
- 理解はよいが、忘れっぽい。
- 不注意な感じ、ボーっとしていることが多い。

アセスメント

- ワーキングメモリ（作業記憶）の容量が少ないため、学習が積み重ならない。前日にやったことが記憶として残らず、また最初から始めるというイメージ。
- 覚えられずにつらい思いをしている、不安に思っていると考えて対応する。

支援のポイント

ワーキングメモリの容量が少ない子どもは、覚えられない、忘れてしまうことに対して環境を工夫し、忘れても思い出せるような支援をすることが必要です。そうした支援がないと、不安を抱えながらの生活が続き、自信を失っていきます。

工夫次第で何とかなると感じられるような支援を考えましょう。

作成日:　○○年　○○月　○○日　　No. 1

現状	朝の支度が一人ではできない。毎日しているのに、何から始めていいのかわからない様子。不安そうにたたずんでいる。
アセスメント	ワーキングメモリが弱いので、一人でさせること自体に無理がある。支度を減らすか手伝うことが必要。
目標	保育者に支度を手伝ってもらい、安心して取り組むことができる。最後の工程だけは自分で行い、成功の疑似体験をする。
支援方法	・朝の受け入れの際に、支度を手伝う。「カバンを開ける→コップを置く→手拭きタオルをかける→汚れもの袋をかける→靴下を脱いで靴下入れに入れる→カバンをロッカーにかける」という手順のうち、靴下を脱ぐ工程まで保育者が手伝い、カバンをロッカーにかける工程だけ本人が行う。 ・カバンをロッカーにかけられたら「できたね！」とほめ、遊びに誘導する。
結果	・保育者に手伝ってもらうことは嫌がらず、むしろ喜んでいる。短時間でできるので、安心して遊び始められている。 ・最後のロッカーにかける工程だけ自分で行い、保育者から「できたね！」とほめられるとうれしそう。

気分よく支度を終えるための方策を考えて記載しましょう。援助する（手伝う）場合も、何をどのように援助するのか具体的に記載できると、一貫した支援ができます。

作成日:　○○年　○○月　○○日　　No. 2

現状	最後のカバンをロッカーにかける工程を自分で行い、安心して、うれしそうに遊び始める。
アセスメント	最後の工程が、言わなくてもできるようになったので、一つ前の工程まで、自分で気づいてできるように支援する。思い出せない場合は、視覚的手掛かりとして絵カードを使ってみる。
目標	靴下を靴下入れに入れる→ロッカーにカバンをかけるという２工程を自分でできる。カードの意味を理解し、行動につなげることができる。
支援方法	・靴下を脱いで靴下入れに入れる、カバンをロッカーにかけるという２工程を本人にやってもらう。思い出せない場合は、靴下のカードと、カバンのカードを見せて思い出せるようにする。 ・最後までできたら、いつものように「できたね！」とほめる。
結果	・２工程はほぼ一人でできるようになった。気づかないときは、絵カードを見せると行動に移せる。 ・後半は、支度をしている机の上に靴下のカードとカバンのカードを並べておくと、一人でできるようになった。

作成日：　○○年　○○月　○○日　　No. 3

現状	支度の最後の2工程を自立してできるようになる。絵カードの利用も有効。
アセスメント	安心して支度ができるようになり、自信もついてきた。絵カードで思い出して行動することも定着してきた。
目標	絵カードの順に従い、保育者と一緒に最後まで支度ができる。
支援方法	・工程を絵カードで示し、提示する。 ・「カバン→コップ→タオル→袋→靴下→カバン」の順に保育者が提示し、一つ終えたらそのカードを「フィニッシュボックス」（終了箱）に入れる。 ・全部カードがなくなったら終了。「できたね！」とほめる。
結果	・保育者と一緒にカードを操作しながら、支度を楽しく終えられる。 ・一人でできそうなときは見守ったところ、スムーズにできた。

「保育者に手伝ってもらう」から、「視覚的手掛かりなどの環境に支えられて行動が起こせる」ように展開していきます。視覚的手掛かりの使い方は、プロセスを書き込みましょう。

作成日：　○○年　○○月　○○日　　No. 4

現状	保育者と、もしくは一人で、不安な様子を見せずにカードの手順に応じて朝の支度ができている。
アセスメント	視覚的手掛かりで思い出すことができ、いくつかの工程もこなせている。5、6工程の内容なら、絵カードを使った支援がいろいろな場面で使えるかもしれない。
目標	5工程ほどの手順のカードを見ながら、一人で行える。
支援方法	・朝の支度は保育者が距離をとって見守り、一人で支度ができるようにする。 ・不安そうにしていたり、混乱している様子があるときは手助けをする。 ・支度以外の場面でも、5工程ほどの絵カードを使ってみる。 ・初めての場面は、まずは保育者と一緒に行い、その後安定してきたら保育者は距離を取りながら見守る、という段階を踏んでいく。
結果	・朝の支度は絵カードを使ってほぼ自分でできる。休み明けの月曜日だけは不安そうな表情を示すので、保育者と一緒に行っている。 ・給食当番のときに、絵カードを用いた。繰り返し使うことで自立していけると考える。

Aタイプのとらえ方と計画の立て方

●学習が積み重なりにくく、習慣が身につきにくいと考え、毎回の手順などを見てわかるように示すこと（視覚化）を支援の核として考えて計画してみましょう。

今後の見通し

●絵カードを使って手順を示すことで、自立して行えることは増えるでしょう。しかし、ベースとして安心できることが必要なので、不安を示したら保育者が手伝うということを続けましょう。

●手順を覚えられなくても、思い出せなくても、本人が安心して支度をするためのツールとして絵カードを活用していきましょう。

●提示する絵カードの数（枚数）は、子どもが理解している数の概念と合わせていくとよいでしょう。

ワーキングメモリについて

ワーキングメモリは、「作業記憶」「脳のメモ帳」といわれ、覚えたことを思い出しながら行動するときに使います。言葉の指示を覚えて行動できる数は、5歳児で1つか2つといわれていて、意外と少ないのがポイントです。ワーキングメモリの容量が少ないと学習が積み重なりにくいともいわれます。毎日の習慣が身につかないのはこのためです。

そのため、1つ覚えて次、と増やしていく丁寧な教え方が必要です。その場合、工程の後ろから1つずつ増やし、つなげていくという方法が、達成感をもてるよい方法です。

覚えるため、もしくは思い出すためには、視覚的手掛かりが不可欠です。行動の手順を、レシピのように適切な数で示してみましょう。

B 不器用タイプ

観察

- ご飯を食べるときに茶碗をうまく支えられない。
- のりやご飯など、ベタベタしたものにさわれない。
- 物をそっと扱うことができない。
- 図形や文字をうまく書けない。
- 人物画が描けない。

アセスメント

- 両手をうまく使えない、感覚の過敏がある、力加減の調整が難しい、物を見る力が弱い、身体のイメージがもてないなどの不器用さがあり、生活動作がうまくこなせない。

支援のポイント

個々の原因と発達段階を理解した上で、無理なく生活動作を練習できるようにしましょう。その際、苦手な動作を生活内で練習しようとするとストレスがかかり、着替えや食事を嫌がるようになることもあります。練習は遊びの中で楽しく行い、子どもの発達に合わせて、自分でさせるところと手伝うところ、使用する食具などを選択していきしょう。

作成日:　○○年　○○月　○○日　No. 1

現状	スプーンを持っていないほうの手で茶碗を支えることができない。また、スプーンを持つ力加減が調節できず、お皿やお茶碗からうまくすくえずイライラしている。
アセスメント	両手がうまく使えない、力加減が調節できないので、お茶碗などが動かないような滑り止めを使い、楽に食べられるようにしたい。イライラが高じているときは、保育者が手伝って食べさせることを優先する。
目標	滑り止めマットを用いて、片手でも気分よく食べられる。
支援方法	・お皿やお茶碗の下に滑り止めマットを敷いて、楽に食べられるようにする。 ・左手の使い方は本人に任せ、楽しく食べることを大切にする。
結果	・滑り止めマットを使うことで食べやすくなった。 ・食器に左手を添えることに関しては促さず、気分よく食べることを優先し、保育者が適宜手伝ったため、イライラが軽減した。

不器用さをサポートする支援と、発達を進める支援は分けて書くとよいでしょう。不器用な子どもは、生活動作の中で練習することは避け、遊びの中でとり入れることをおすすめします。

作成日:　○○年　○○月　○○日　No. 2

現状	食事は気分よく食べられている。手先を使う遊びは好き。
アセスメント	力の調節や手先の巧緻性に関しては、遊びの中で促すことがよいだろう。お気に入りの手先を使う遊びを用意し、提供した。
目標	手先の遊びを楽しみながら、両手を使う、力加減を調節する経験を積む。
支援方法	・ボールや風船遊び（両手で取ったり打ったり、両手で引っ張ったり押したりする遊び）などを提供する。 ・貯金箱や洗濯ばさみなど、力加減を必要とする細かな動作のある遊びを用意する。 ・粘土など感触を楽しみながら遊べるものも用意する。
結果	・両手を使う遊びや、力加減を調整する手先遊びが楽しめているので、継続して行う。特に粘土遊びがお気に入り。 ・焦らず発達の様子を見守りたい。

作成日：　○○年　○○月　○○日　　No. 3

現状	ボタンなどのない洋服を選んでいるが、スムーズに着替えが進まない。イライラし、あきらめて着替えをやめてしまうことがある。
アセスメント	身体のイメージがうまくもてず、全身を使って行う着替えは難しい様子がある。手順や介助の仕方を工夫して、自分でやっているような気分で着替えができるようにする。
目標	・脱ぎやすい脱ぎ方を提示し、脱ぎ方を覚える。 ・保育者に手伝われて、身体をイメージしながら着替えをする。
支援方法	・脱ぐときは、左手袖を抜き、右手袖を抜いて、両手で首部分を抑えて引っ張って脱ぐ方法を絵で示し、提案する。 ・着るときは、子どもの後ろから保育者が「二人羽織り」をするように行う。介助しやすく、子どもも動作の流れや身体の動かし方がわかりやすい。また、あたかも自分で着替えているような気分で行えるのもよい。手を添えて一緒に行うことがポイント。
結果	・脱ぐのも着るのも保育者と一緒に行ってうれしそうにしている。部分的に自分でできる工程もあり、見守ることも増えてきた。

作成日：　○○年　○○月　○○日　　No. 4

現状	手洗いがうまくできない。手をこすり合わせることが難しい。
アセスメント	両手が別の動きをするので上手に動かせない。自分の身体のイメージをとらえにくく、ただ手を合わせるだけになっている。
目標	こすり合わせる動作が理解でき、保育者に手助けされながら手洗いができる。
支援方法	・石けんをつけると動きがわかりにくいので、石けんをつけない状態で、手をこすり合わせる練習をしてみる。 ・手のひらの間にスーパーボールをはさんで、コロコロ動かす遊びを楽しんでみる。手をこする感覚がわかりやすい。 ・手を洗う際には保育者が後ろから子どもの手を持って、一緒にこすり洗いを行う。
結果	・スーパーボールをコロコロさせる遊びは、感覚的にも楽しめて繰り返し行っていた。この遊びで動きが理解でき、自分でもこすり合わせられるようになった。 ・石けんをつけるとうまくできないときもあったが、少しずつ一人でこすり洗いができるようになった。

生活動作を遊びのように練習する楽しいアイデアを書き込めるとよいでしょう。

Bタイプのとらえ方と計画の立て方

●両手をうまく使えない、感覚の過敏がある、力加減の調整が難しい、物を見る力が弱い、身体のイメージがもてないなど、それぞれの原因をつかんで、それに対する支援方法のアイデアを出していきましょう。

今後の見通し

●不器用の原因を探り、対応する環境調整や、スモールステップでの練習、遊びながら発達を促す支援に取り組むことで、徐々にスキルを向上させていくことができるでしょう。

●ほかの子どもと同じようにできなくても、練習すればうまくなると感じられるようにしていきましょう。

不器用について

不器用の原因は、両手をうまく使えない、感覚の過敏がある、力加減の調整が難しい、物を見る力が弱い、身体のイメージがもてないなどの原因が考えられます。

画一的な方法で繰り返し練習するのは自信をなくすだけです。原因を探り、対応する環境を整える、道具を工夫する、遊びながらスキルアップを図る、保育者に手伝われながら無理なく練習する、といった支援が必要です。
練習したらうまくなった、できた、という経験をさせるために、現在の発達段階や状況を見極めることから始めましょう。

コミュニケーションがとれない

つまらないのかな？

この場面の観察ポイント

自由遊びの場面。保育者の「楽しいね」という声かけに全く反応しない子どもがいます。名前を呼んでも振り向かず、何か話しているものの言葉になっていません。また、保育者の声かけに対して心の中では選択できていても、何かが不安で返事ができない子どももいます。

ほかの場面では

複数の特性や姿からタイプを判断します

- □ まだ有意味語を発しない
- □ 物には名前があること（シンボル機能）が理解できない
- □ 知っている身近な名詞が少ない
- □ 生活の中で使う動詞の理解が難しい
- □ 名詞や動詞は理解できるが、会話として成り立たない

▶▶▶ A 言葉の遅れがある タイプ

- □ 共同注意がまだ見られない
- □ 視線が合いにくい
- □ 人より物への関心が高い
- □ 一人遊びが主で、友だちと遊ぶ意欲を感じられない
- □ 話が一方的でやり取りが成立しない

▶▶▶ B 他者への関心が低い タイプ

- □ 失敗に弱い
- □ 集団場面が苦手
- □ 家庭ではよく話している
- □ 集団場面では話さない

▶▶▶ C 場面緘黙 タイプ

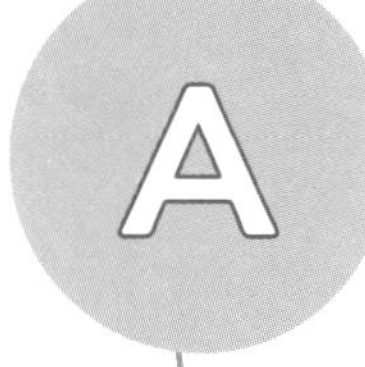

言葉の遅れがあるタイプ

観察

- 年齢相応に言葉が発達していない。
- 理解している言葉は多いが、表出する言葉は少ない。
- 理解している言葉も、表出する言葉も少ない。
- おうむ返しが多い。

アセスメント

- 理解言語・表出言語のどちらか、もしくは両方に遅れがあって、コミュニケーションがとりにくい状況となっている。言葉にこだわらないコミュニケーションの方法を支援することが大切。

支援のポイント

今ある言葉のやり取りは大切にしながらも、言葉にこだわらないコミュニケーション方法を考えましょう。保育では、絵や写真のカードを用いたやり取りが取り組みやすいでしょう。

ポイントは、子どもがカードを使って要求を伝えられることを重要視することです。カードを使うことにより自分の言いたいことが伝わる体験が、コミュニケーションをとろうというモチベーションにつながるからです。子どもの要求が出やすい場面から、練習を始めましょう。

言うことをきかせるためにカードで示すことは避けます。

作成日：　○○年　○○月　○○日　No. 1

現状	自由遊びのときに、自分の欲しいおもちゃを友だちが使っている、または、おもちゃが見つけられないとかんしゃくを起こす。
アセスメント	「○○が欲しい」と伝えられずに、イライラが高じてかんしゃくを起こす。保育者も要求がわからず、対応できない場面がある。
目標	絵カードを用いて、欲しいものを指さしで要求できる。
支援方法	・好きなおもちゃを数枚写真にとり、カードを作る。カードをメニューのように１枚のボードに貼っておく。 ・いつでもおもちゃが渡せるように、カードで示したおもちゃは本人用に確保しておく。 ・自由遊びの前に個別に呼んで、静かな場所でボードを見せる。欲しいおもちゃを指さしするように手本を示す。指さしで示せたらほめ、おもちゃを渡す。
結果	・カードを指さしすることは理解して応じることができる。指さししたおもちゃを差し出すと、うれしそうに遊び始める。 ・おもちゃをカードで選択できることで、イライラする場面は減った。

カードをコミュニケーションに使う場合は、写真や絵、シンボルなど具体的に有効だと考える内容を記載しましょう。試してみて、本人の反応がよいものを選択してもよいでしょう。

作成日：　○○年　○○月　○○日　No. 2

現状	自由遊びの前に個別にカードを選択して、遊び出すことができる。
アセスメント	カードの指さし選択はできるので、カードを保育者に持ってきて、自ら要求を示せる段階にステップアップしたい。
目標	ボードから欲しいおもちゃのカードを取って、保育者に持ってきて見せ、要求ができる。
支援方法	・複数のおもちゃのカードを、コミュニケーションボードにクリップやマジックテープで留めておく。 ・ボードから欲しいおもちゃを取って、保育者に渡すように伝え、手本を示す。 ・練習してできそうになったら、ボードを定位置に置く。
結果	・カードを取ることをすぐに覚えて、カードを保育者に持ってくることができた。 ・遊びの要求場面でのかんしゃくはなくなったので、ほかの場面でもカードを使ってやり取りをしていきたい。

作成日：　〇〇年　〇〇月　〇〇日　　No. 3

現状	カードを使い、スムーズに活動を行うことができる。
アセスメント	カードを使って次の活動を示し、見通しがもてるようにする。やる・やらないは本人の意思を尊重できるようにし、“Yes”は首を縦に振る、“No”は首を横に振るとサインを決め、サインで示すように促す。
目標	食事・着替え・おもちゃのカードで次の活動を示されたときに、やる・やらないを、首を縦に振る・横に振るサインで答える。
支援方法	・食事・着替え・おもちゃのカードを作り、「次は〇〇」と言いながらカードを示す。 ・「やる？　やらない？」と聞いてサインを待つ。 ・サインを示すことができたらほめ、「やらない」の回答であっても「わかりました」と伝え、その要求を受け入れる。
結果	・Yes・Noのサインはすでにできていたので、今回もスムーズにサインを出してくれた。「やらない」のときも、できるだけ受け入れることでイライラは軽減した。 ・無理せずタイミングをみて気分よく誘うようにする。

獲得したコミュニケーションスキルをほかの場面で応用するときは、本人にとってスキルを使うことで得になる場面を選択して、計画に記載しましょう。

作成日：　〇〇年　〇〇月　〇〇日　　No. 4

現状	写真カードとサインでのやり取りが成立してきた。
アセスメント	現在のコミュニケーションスタイルを、様々な場面で活用していく。本人の負担が大きくならないように配慮することが必要。
目標	食事のときに、食べたくない・減らしてほしいものを指さしで伝える。おかわりが欲しいときは「おかわりカード」を渡す。
支援方法	・食事の配膳の際に、「食べたくない」「減らしてほしい」を示した絵カードをそれぞれ用意し、「このおかずどうする？」と聞いて、食べたくない・減らしてほしいのいずれかのカードを指さすようにする。伝わったらそのとおりに応じる。 ・「おかわりカード」も用意し、カードを示しておかわりを要求できるようにする。
結果	・１対１でしっかり対応すると、方法を覚える。 ・おかわりについては、「おかわりカード」で要求できた。 ・カードを使ったことにより、おかわりの「お」など最初に１音が出てくる場面が増えた。

Aタイプのとらえ方と計画の立て方

- 理解できる言葉・名詞・動詞・２語文などを把握することと、表現しやすい方法を選択してモチベーションが上がりやすい場面でやり取りを設定することが大切です。
- すでに獲得しているサインを活用すること、絵カードなどの非言語のコミュニケーションを導入してみることなどを考えてみましょう。

今後の見通し

- カードとサインのコミュニケーションスタイルが定着してきたので、様々な場面に広げていきましょう。「コミュニケーションは便利だ」と感じてもらうことが最優先です。保育者の言うことを聞いてもらう手段としてカードを使うこととのバランスを考えていきましょう。
- 言葉の１音目が出てきているので、言葉の表出につながるかもしれませんが、あくまで言葉にこだわらず、使いやすいコミュニケーションスタイルを重視していきましょう。

問題行動とコミュニケーション

行動療法という理論では、子どもの問題行動は子どもからのコミュニケーションであるといわれます。伝えられないから、問題行動によって必要なことを伝えようとしている、という見方が必要です。問題行動を改善するためには、伝えたいことを表現させることが大切です。

言葉はイメージを一致させるために使います。その言葉の理解が遅れている場合、イメージが見える写真や絵カードは使いやすいアイテムです。イメージを一致させ、やり取りをしやすくします。

また、伝えたいことの意味を理解することが大切です。「○○したい」「嫌」「見て・かまって」と言えない可能性を考えて、伝え方を工夫していきましょう。

B 他者への関心が低いタイプ

観察

- 一人でばかり遊んでいる。
- 自分から能動的に保育者や子どもに関わることがない。
- 自分から視線を合わせない。

アセスメント

- 他者への関心が低いため、他者とやり取りしようというモチベーション自体がない、または低いので、コミュニケーションが成立しない。

支援のポイント

コミュニケーションの前段階として、他者とのやり取りの楽しさを体験させるアプローチが大切です。そのためには、共同注意（他者との注意を共有したいというコミュニケーションの第一歩）のめばえを確認し、めばえを促すような遊びを提供していきましょう。

作成日:　○○年　○○月　○○日　No. 1

現状	一人遊びに集中している反面、他者への関心が低く、視線がほとんど合わない。
アセスメント	共同注意の発達がまだ見られない。保育者とのやり取りや遊びの楽しさを体験させることから始めたい。
目標	物を介して保育者との遊びを楽しむ。
支援方法	・風船を用いたやり取り遊びを設定してみる。 ・保育者は子どもと目を合わせてから風船をふくらませて飛ばすようにし、目が合ったら楽しいことが起きると感じられるようにする。
結果	・風船の動きを楽しみながら、保育者と繰り返しやり取りするうちに、風船を「やる？」と見せるとうれしそうに応じる。 ・自分から「やってほしい」と保育者に風船を持ってくるようになった。

遊びを提案するときは、遊びのプロセスがわかるように記載しましょう。文章だけでなく、簡単な絵などを使うのもわかりやすいでしょう。

作成日:　○○年　○○月　○○日　No. 2

現状	風船を持ってきて、遊びをせがむようになる。保育者との遊びを楽しんでいる（1対1）。
アセスメント	物への興味（風船）を活かして遊びが成立した。保育者が物を扱って遊ぶことにより、他者への関心も増していくだろう。
目標	様々なおもちゃを使って、やり取り遊びを広げていく。
支援方法	・1日1回、午睡前の時間を利用し、風船、コマ、スカーフなどを使い、保育者がふくらませて飛ばす、回して見せる、投げて落ちる様子を見せるなどして遊ぶ。風船を飛ばしてほしい、コマを回してほしい、スカーフを高く投げてほしいと思うと保育者に持ってくるので、視線を合わせながら楽しめるようにする。
結果	・午睡前に毎日遊びを設定した。時間になると、ロッカーにあるおもちゃを選んで保育者に持ってくるようになった。 ・保育者との遊びを楽しめている。保育者への関心も出てきた。遊んでいるときは視線がよく合うようになってきた。

作成日：　〇〇年　〇〇月　〇〇日　　No. 3

現状	午睡前のやり取り遊びが定着してきた。遊んでほしいとおもちゃを持ってくるようになった。
アセスメント	おもちゃを使って要求することができる。おもちゃを絵カードにしてカードで要求できるようにすると、コミュニケーションとしてカードを使うことにつながると考える。
目標	午睡前におもちゃのカードを選択して、保育者に遊びを要求できる。
支援方法	・マジックテープでボードにカードを止めておく「コミュニケーションボード」を作る。 ・今までおもちゃを置いていた場所に、コミュニケーションボードを設置する。 ・おもちゃを持ってくる時間に、カードを取って見せるように促す。 ・カードを取ってきたら、そのおもちゃで遊ぶ。
結果	・カードの操作は、１回目から覚えてカードを取ってくるようになる。 ・カードでの要求は、その後も継続して毎日行っている。

作成日：　〇〇年　〇〇月　〇〇日　　No. 4

現状	午睡前、おもちゃのカードを持ってきて、保育者とやり取り遊びを楽しめるようになる。
アセスメント	他者への関心も芽生えてきているので、おもちゃを間に入れない遊びでも、やり取りが楽しめるように遊びを展開したい。
目標	マッサージなどを取り入れた遊びに応じ、楽しめる。
支援方法	・午睡前のおもちゃを使った遊びの後、本人が心地よく受け入れるマッサージや、様々なふれあい遊びを促してみる。その際、保育者への視線の向け方に注目する。 ・楽しく応じられる遊びを見つけて継続し、保育者への関心を育む。
結果	・午睡前のマッサージを好んで応じる。しっかりと視線を合わせて、視線で「やって」と意思表示する姿も出てきた。

他者への関心が芽生えてきたとき、保育者との一対一のふれあい遊びを具体的に記載するのもよいでしょう。いくつか試して、反応のよい遊びを記載してみましょう。

Bタイプのとらえ方と計画の立て方

- 共同注意に注目し、コミュニケーションの前段の発達を促しましょう。
- 物を介した三項関係（間にその子どもの興味のあるものを置いて関係を紡ぐ）に注目し、遊びを構築します。その後、その要求をカードを使ったコミュニケーションに移行させていきましょう。

今後の見通し

- カードを使った要求のコミュニケーションが定着してきたので、要求のコミュニケーションをほかの場面でも展開していくとよいでしょう。その後は、Aタイプの計画（81 ～ 82ページ）を参考にしてください。

共同注意とやり取りを楽しむ遊び

生後８か月ごろになると、自分の注意を大人と共有したいという発達が見られます。これは「共同注意」といわれ、子どもから大人へ働きかけるコミュニケーションの第一歩です。このころから大人とのやり取りを楽しむ遊びが成立しますが、他者への関心が低い子どもの場合、この共同注意が遅れます。

共同注意が遅れている子どもに、人と視線を共有しながらやり取りをして遊ぶ楽しさを伝えたいときは、子どもの興味があるおもちゃを間に入れてやり取りを楽しめる遊びを、繰り返し提供するとよいでしょう。

人とやり取りしたいというモチベーションをもつことが、その後の言葉の発達にもつながります。

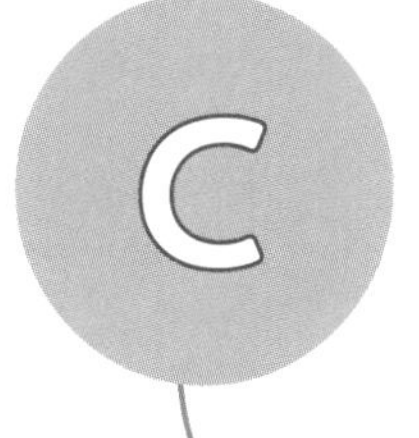

場面緘黙タイプ

観察

- 家庭ではスムーズにコミュニケーションがとれている。
- 園では言葉でのコミュニケーションをとろうとしない。
- 言葉の理解は年齢相応だと考えられる。
- 集団生活では、不安やストレスが多いと感じられる。
- 不安そうにして行動がスムーズにいかないことがある。

アセスメント

- 言葉の発達は年齢相応だが、家庭でしか話はしないと本人が決めている。失敗に弱くコミュニケーションをとることに不安が大きいが、安心できる場面では、コミュニケーション能力が発揮されるのだろう。

支援のポイント

言葉を使わせようと支援することより、安心できる生活を保障することが大切です。どのような状況で不安を強く感じるのか、安心できる場面や遊びは何かを把握して不安を取り除き、安心な生活を提供することを最優先します。

安心で楽しく生活できれば、コミュニケーションにつながると考えましょう。

作成日:　○○年　○○月　○○日　No. 1

現状	大好きなままごとコーナーで遊んでいるときには笑顔がよく見られるが、まだ不安な様子もある。友だちとの言葉のやり取りはないものの、うなずいたり首を横に振ったりして、Yes・Noは表現できている。
アセスメント	言葉のやり取りはなくても、友だちとままごとを楽しめているのはよい。好きな遊びが少ないので、安心して遊べるものを増やして、さらに自由遊びの充実を図りたい。
目標	ままごとで、安心して楽しく遊ぶことができる。
支援方法	・ままごと遊びを充実させるようなおもちゃを用意する、少人数で遊べるようにコーナーを仕切るなど、環境調整をしてみる。 ・表情など、様子を観察し、安心して遊べているかどうかを確認する。
結果	・ままごとを楽しんでいる。表情も穏やかになった。 ・笑顔が増え、安心できる友だちには、簡単な言葉でやり取りしている場面も見られるようになる。

現状の中で、今できていることや使っているスキルを具体的に記載するとよいでしょう。できていることを増やす視点を支援方法につなげていくことが大切です。

作成日:　○○年　○○月　○○日　No. 2

現状	ままごとでとても楽しく遊んでいるので、さらに遊びを充実させたい。いくつか好きな一人遊びがある。
アセスメント	好きな一人遊びで気持ちをさらに安定させたい。
目標	一人遊びで安心して遊ぶ。
支援方法	・ビーズ通しやアイロンビーズ、小麦粉粘土、キネティックサンド（砂の粘土）、スライムなど、さわって楽しむ遊びを一人でじっくり遊べるように、個別のコーナーをつくる。 ・いつでも好きなときにコーナーに来て遊んでいいことを伝える。
結果	・一人遊びは楽しめている。笑顔も増えた。 ・ままごとでは特定の友だちと話すこともある。

どのようなカテゴリーや要素のある遊びが好きなのかを予測して、支援方法に記載できるとよいでしょう。遊びを提供する際の参考になります。

作成日:　○○年　○○月　○○日　No. 3

現状	自由遊びの時間は笑顔が多く、保育者の前では話さないものの、特定の友だちとは言葉のやり取りが見られる。
アセスメント	楽しい遊びの時間に、安心できる友だちに対してであれば、コミュニケーションが成立しやすいのだろう。周りを意識せず楽しく遊べる環境を維持していきたい。
目標	楽しく遊ぶ場面で安心して言葉を発する体験をする。
支援方法	・一人遊びから、テーブルで複数人で遊べる「平行個別遊び」のスタイルをとる。 ・ままごと以外で、楽しい気分になって自然と言葉によるコミュニケーションにつながる遊びを設定してみる。 ・保育者が入ると話さない状況が見られるので、保育者は距離をとって見守るようにする。
結果	・ままごとだけでなく、平行個別遊びの際にも、友だちに話す様子が観察される。安心して楽しい雰囲気があれば話すことが確認できてよかった。 ・これからも、話させようとするのではなく、自分から話したくなる環境を用意することを大切に支援していきたい。

「平行個別遊び」とは、同じテーブルで遊んでいるけれど、おもちゃなどを共有することなく、個々がそれぞれの遊びを行うこと。自分の物と友だちの物の区別が明らかで、それぞれの遊びを尊重しながら安心して遊べる設定。「平行遊び」の前段階として、あえて設定します。

作成日:　○○年　○○月　○○日　No. 4

現状	ままごと遊びや平行個別遊びの中で、友だちとときどき言葉でのやり取りをしている。
アセスメント	安心できる遊びの場面で発言があるので、保育者がさりげなく加わって遊んでみて、同じように安心して言葉のやり取りができるかを試してみたい。
目標	保育者がいてもいつもどおりに遊んだり、話したりする。
支援方法	・平行個別遊びの場面で、保育者がさりげなく加わり、子どもと同じようにアイロンビーズを楽しんでみる。 ・あまり声をかけずに子どもたちのやり取りを見守りながら参加をしてみる。
結果	・保育者が同じ遊びをしていることで安心できたのか、保育者がいても話す様子が観察できた。 ・今後も焦らず、話してみようとする姿をじっくり待ちたい。そのためにも、安心して遊べる設定を工夫していく。

結果には、子どもの変化だけでなく、保育者の気づきを記載してみましょう。子どもの姿から自身の学びや変化も確認できます。子ども理解や、支援のスキルアップにつながります。

Cタイプのとらえ方と計画の立て方

- しゃべらないという行動に焦点が当たってしまいますが、今できている、安心して行動できていることを伸ばしていくことが大切です。また、どのような場面で安心感をもっているのかも観察してみましょう。
- 安心できる場面の条件を、色々な場面で整えていくことにより、結果として言葉でのコミュニケーションがとれるようになるという支援を考えていきましょう。

今後の見通し

- 安心して遊べる場面を増やすこと、楽しい体験を積むことで、会話は増えていくでしょう。
- 話すことを目的にせず、安心な生活環境を用意することを大切にしていきましょう。

場面緘黙について

場面緘黙とは、言葉を話す力はあるけれど、特定の場所や状況では話せない状態をいいます。通常は5歳までに発症し、幼児期から小学校低学年で気づかれることが多いといわれます。場面緘黙は、情緒障害の一つに含まれていますが、人見知りや恥ずかしがりやと間違われることが多く、話すことを強要されることもあります。そのため、周りから心ない言葉をかけられたりして傷つくこともあります。

様々な要因が複合的に影響していると考えられていますが、具体的には、不安になりやすいなどの特性に加えて、社会的・心理的な要因が関与していることが多いようです。つまり、不安を強く感じやすい集団場面では、この状態が起こりやすいということになります。また、不安に対処するスキルを獲得できていないことも、大きな原因となるでしょう。

集団場面において、本人が感じる不安を軽減する支援が重要となります。

乱暴な行動や暴言・かんしゃくが見られる

緊張してるの？

この場面の
観察
ポイント

運動会。いつもと違う賑やかな雰囲気の中、最初は落ち着いて座っていた子どもが、急に火がついたかのように「もうやだー」とかんしゃくを起こしました。また、少しずつイライラし始めた子どもが我慢できなくなり、列から飛び出して大きな声を出しました。

ほかの場面では

複数の特性や姿からタイプを判断します

- □ 聴覚の過敏がある
- □ 触覚の過敏がある
- □ たくさんの人がいると不安定になる
- □ 集団参加が難しい

▶▶▶ A 感覚過敏タイプ

- □ 興奮しやすい
- □ 楽しい場面では多動や大きな声を出す姿などが見られる
- □ 日ごろから落ち着きがない
- □ 行動の調整が難しい場面が多い

▶▶▶ B 覚醒レベルの調整が難しいタイプ

- □ 自信のない様子が見られる
- □ わざとふざけるなど不適切な行動が見られる
- □ 保育者に注意されてもうれしそうにすることがある
- □ 友だちにちょっかいを出すことが多い

▶▶▶ C 注目行動タイプ

感覚過敏タイプ

観察

- 耳をふさぐ、部屋から出ていくなど、感覚刺激を避けるような行動が見られる。
- たくさんの子どもがいる場所で、不安や不快な表情を示していることがある。
- その他、聴覚・触覚・視覚の過敏さが感じられる言動がある。

アセスメント

- 感覚過敏が原因で集団の中でストレスがたまり、「ここにいたくない」「つらい」「助けて」と伝える代わりに大きな声を出したりかんしゃくを起こしている。
- 感覚過敏が原因で、無意識に大きな声が出るなどかんしゃくにつながる。
- ストレスを解消する方法として大声を出し、それが高じてかんしゃくになる。

支援のポイント

感覚過敏が原因の場合は、まずは不快な感覚刺激をできるだけ取り除くことが大切です。原因は直前にあるだけでなく、ストレスが少しずつ溜まっていき、一定量に達したときに不適切な行動として表現されることを忘れてはいけません。表情からは読み取りにくい子どももいます。

子どもの感覚過敏に対する支援として、何が不快かを把握し、ストレスが蓄積されないように刺激を避ける時間を定期的に設定することが必要となります。

作成日:　○○年　○○月　○○日　No. 1

現状	自由遊びや集団活動の際に急に大きな声を出し、かんしゃくを起こす。
アセスメント	聴覚・触覚の過敏があるので、長い時間にぎやかで、子どもが密集している場面がストレスになり、かんしゃくを起こしている。この状況を変えることはできないが、適宜休息をとれるようにしたい。
目標	保育者に促されて、静かな場所に移動できる。
支援方法	・廊下に一人で遊べるリソーススペース（落ちつける場所）を設定する。 ・リソーススペースには、本人が気に入っているおもちゃを用意する。 ・本人にスペースを紹介し、一人で安心して遊べることを説明する。 ・自由遊びで30分間程度遊んだら、リリーススペースに誘う。 ・いつでも部屋に戻っていいこと、何かあれば部屋にいる保育者を呼びに来ることを伝える。
結果	・30分に１回程度リソーススペースを使うことで、イライラする様子が軽減した。 ・かんしゃくを起こす回数も減った。

問題行動の原因（仮説）を、具体的にアセスメントに書きましょう。原因が明確になるとその後の目標や、支援方法のつながりも明確に伝わります。

作成日:　○○年　○○月　○○日　No. 2

現状	自由遊びのときに保育者に促され、30分に１回程度リソーススペースで遊んでいる。かんしゃくには至らない。
アセスメント	不快な感覚刺激を軽減したことにより安定してきた。何が不快で、どのような方法を使うと楽に過ごせるかを伝える。
目標	・自分の気持ちが落ち着くアイテムを相談して選択できる。 ・イヤーマフを使ってみる。
支援方法	・リソーススペースにスムーズに移動できるようになったので、気持ちを落ち着かせるアイテムをいくつか提案してみる。 ・自分で選択できたらほめ、イライラしたときは使ってみることを提案する。 ・部屋の中に置く場所・入れる箱を決めておき（安心ボックス）、リソーススペースに持っていって使ってもよいこと、部屋で使ってもよいことを提案する。 ・聴覚過敏についてはイヤーマフを提案してみる。
結果	・アイテムを選択することができた。おもにリソーススペースで使っているが、部屋の中で使っていることもある。 ・イヤーマフは嫌がらず、リソーススペースで使うことができた。

作成日:　○○年　○○月　○○日　No. 3

現状	かんしゃくはなくなったが、集団生活の中ではときどきイライラした様子と大きな声を出すことがある。
アセスメント	かんしゃくはなくなってきた。30分に1回程度リソーススペースに行くことは情動の安定を図るために必要。自分の状態を理解し休憩をとれるようになると、さらに安定すると考える。
目標	自分のタイミングでリソーススペースに行こうとする、または行くことができる。
支援方法	・事前に「うるさいなあとか一人で静かに遊びたいなあと感じたら行ってもいいよ」と伝える。戻ってくるときも、本人のタイミングでOKとする。 ・自分から移動できた場合は、しっかりとその行動を認める。 ・行こうとするそぶりを見せたときも承認を忘れない。
結果	・自分で判断できずイライラする様子が見られたときは、保育者が「行ってもいいよ」と声をかけることもあった。しかし、1日1回は、自分から移動することがあった。 ・安定して過ごせている。大きな声を上げることは、2週間で2回程度だった。

作成日:　○○年　○○月　○○日　No. 4

現状	安定して過ごせている。自分のイライラの原因を理解してきている。
アセスメント	自分のイライラの状態を認識できるようになってきたので、状態に合わせてスキルが使えるように支援したい。
目標	「きもちの温度計」を使ってみる。
支援方法	・「きもちの温度計」を作成し、イライラした状態を自身で測れるように促す。 ・安心は青色、少しイライラは黄色、イライラして大きな声が出るときは赤色と伝える。 ・保育者が黄色の状態をキャッチして、「黄色（少しイライラ）だね、休憩に行こう」とリソーススペースに誘ってみる。移動できたら、「黄色から青色になったね」と温度計を使って成功体験を共有する。
結果	・「きもちの温度計」で、色と自分の状態を照らし合わせることで自分の状態が視覚化され、気持ちの理解が進んだと考える。 ・「きもちの温度計」を自身で使いこなすことはできないが、「黄色だから落ち着くお部屋に行ってくる」という言葉が聞かれるようになった。

子どもの変化を結果に記載する際には、その結果について何が有効だったのかを書き込むとよいでしょう。子ども理解やそのほかの支援の場面でのヒントにもなります。

Aタイプのとらえ方と計画の立て方

- 苦手な感覚の特定と、その感覚刺激を避ける環境の支援が大切です。一人で静かに過ごせる場所の確保が第一の支援方法となります。
- 感覚刺激を避けたいという欲求は、生理的欲求と同じだといわれるほどです。安心して生活するために必要な欲求なので、「刺激に慣れさせよう」と考えないようにします。
- 事前のストレスについて考えておくことも必要です。ストレスが重なると感覚過敏は強くなるので、ストレスの軽減にも配慮してみましょう。

今後の見通し

- 安心できる環境を提供し続けると「感覚過敏が軽減する」ことも多いので、焦らず不快な感覚刺激を避けられるような支援を継続させていきます。
- 自分で、「これ以上は無理、支援が必要」と判断できるようになり、集団にいてもいつでも休息がとれると、集団に参加できる時間が増えていくでしょう。

感覚過敏について

音が気になる聴覚過敏は、特定の音が苦手ということもありますが、必要な音を選択して聞き取れないという場合もあります。

不快な見え方をする視覚過敏は、必要な視覚情報をうまくキャッチできません。もしくはキャッチしすぎて落ち着かないこともあります。

においに敏感な嗅覚過敏の場合、においは避けられない環境の一部なので、様々な場面で苦労します。偏食の原因の一つに味覚過敏があります。味の感じ方が強すぎたり弱すぎたり、素材の味が混ざり合ううまみが苦みに感じたりする場合もあります。身体中に張り巡らされている触覚のセンサーが過敏だと、決まった素材の洋服しか着られないという相談もよく受けます。

感覚過敏の場合、その感覚刺激を避けて安心できる生活を保障することが何より大切です。その上で、外界を知るための操作的な遊び（これってなんだろう）を楽しく提供して、意識的に「識別」していく力を育むことが必要です。識別能力を高めることで、過敏さは軽減するといわれます。

B

覚醒レベルの調整が難しいタイプ

観察

- 身体がいつもそわそわと動いている。
- 声がいつも大きい。
- 物の取り扱いが乱暴に見えることがある。
- 走り回る・飛び跳ねるなど、じっとしていることが難しい。

アセスメント

- 身体の内側に感じる感覚である「固有覚」や「前庭覚」が鈍感で、感覚欲求が強い。そのため、自らたくさんの感覚刺激を取り込み、興奮してしまう。
- 一度興奮するとなかなか安定した状態にすることが難しい。そのため、感情のコントロールができない、落ち着かない状態が顕著に見られ、乱暴や暴言につながりやすい。

支援のポイント

固有覚・前庭覚への感覚欲求が強い場合、適切に感覚刺激を与えながら、覚醒レベルの調整を促す支援が必要となります。動と静の活動をうまく組み合わせて、覚醒を高いまま維持させないように、環境や活動を設定しましょう。

作成日: ○○年 ○○月 ○○日 No. 1

現状	遊びの場面（特に戦いごっこ）で興奮し、友だちをたたく、または、「うるせーな」「ぶっ殺してやる」などの暴言がよく見られる。
アセスメント	覚醒レベルの調整が難しいので、興奮しすぎる前に集中して遊べる静かな遊びに切り替えられる環境とアプローチが必要。動きの激しい遊びで何分くらいしたら興奮し出すか観察する。
目標	一人でじっくり集中して遊ぶことができる。
支援方法	・室内に一人遊びのコーナーをつくる。ほかの子どものことが気にならないような個別の空間として活用できるように設定する。 ・本人と相談し、コーナーで楽しめるおもちゃを選択する。 ・室内で遊んでいて興奮が強くなる前にそのスペースへの移動を促し、集中して遊べるように支援する。遊べたら大いにほめる。
結果	・好きな遊びを設定したことで、集中して遊ぶことができた。 ・少し興奮している状態でも、集中する静かな遊びにより、興奮が収まった。 ・時間調整や誘導のタイミングが合わず、興奮しすぎて乱暴な行動や暴言につながることもあるが、支援方法としては継続していきたい。

うまくいったことだけでなく、うまくいかなかった場面も記載し、その後の支援計画には継続していく支援と、改善する支援両方を書くようにしましょう。

作成日: ○○年 ○○月 ○○日 No. 2

現状	落ち着きがない行動が顕著で、たくさん動く=興奮するという場面がまだ見られる。
アセスメント	感覚欲求が強いので、感覚刺激がないと落ち着かないのだろう。一人で楽しめるトランポリンやバランスボールなどの遊具で、しっかり感覚刺激を与えてみる。
目標	トランポリンやバランスボールなどで感覚を満たし、身体を落ち着かせることができる。
支援方法	・登園してきてすぐに、トランポリンやバランスボールなどに誘ってみる。 ・一人遊びは大切にしながら、同時にしっかり身体に感覚刺激を与えることで、感覚欲求が満足できるようにする。 ・遊びのときに遊べていない様子が見られたら、一人で身体を動かす遊びに誘ってみる。
結果	トランポリンなど好きな遊びを楽しめている。走り回るなどの運動より、しっかり固有覚が刺激されるためか興奮はしない。かえって身体も気持ちも落ち着くようである。

作成日：　○○年　○○月　○○日　　　No. 3

現状	静かな場所で過ごすことができ、また一人で身体を動かす遊びも堪能できるようになり、覚醒レベルの調整ができてきた。乱暴な行動や暴言は確実に減ってきた。
アセスメント	興奮しているときは無意識に暴言がでるが、人にやさしく「あったか言葉」（言われるとあたたかい気持ちになる言葉）をかけていることもあるので、それを強化するのは有効だろう。
目標	「あったか言葉」を意識して使うことができる。
支援方法	・「あったか言葉」を増やそうと伝え、「あったか言葉」を言ったときは、クラス全体のごほうびとしてビー玉貯金を提案する。 ・「あったか言葉」を言えた子どもは、ビー玉をクラスの貯金箱（透明なびん）に入れる。 ・このびんがいっぱいになったら、給食のときにキラキラのこんぺいとうを園長先生からもらえることを提案する。 ・「あったか言葉」を言っているのを見つけたらすぐにほめ、貯金箱にビー玉を入れてもらう。
結果	・暴言は相変わらず聞かれるが、意識して「あったか言葉」を使うことが増えた。自分から申告してくることも多く、そのときは承認している。また、うれしそうにビー玉を貯金箱に入れている。 ・暴言については注意せず、あったか言葉に注目することで、全体的に気持ちも落ち着いてきたと感じる。

本人の今できているところ、長所にも注目して、強みを伸ばす観点で支援を記載できるとよいでしょう。

よい行動を増やすことに注目する

保育者は子どもの困った行動を修正することにフォーカスしがちですが、困った行動を減らすことより、今できているよい行動を増やすことに注目しましょう。

「あったか言葉」を増やすことで、「ちくちく言葉」（言われると嫌な気持ちになる言葉）を減らすというのはまさにこの考えです。該当の子どもだけでなくクラス全体で「あったか言葉」を増やすことで、クラス全体にあたたかい雰囲気ができ、子どもが本来もつやさしい面が強みとして発揮されます。

困った行動を減らそうとすると、どうしても否定的な注目（叱る、説教する、言い聞かそうとする）などが多くなり、子どもは叱られてばかりというマイナスイメージを強くして、機嫌が悪くなります。すると、さらに暴言が増えるという悪循環が起こります。

よい行動を引き出す→承認する→さらによい行動を増やす→承認する→状態が安定する、という好循環を目指しましょう。

Bタイプのとらえ方と計画の立て方

- 固有覚・前庭覚への感覚欲求を満たしつつ、覚醒レベルの調整を図る支援が必要です。一人で遊べる、身体を動かす遊びを選ぶのもポイントだと考えます。友だちと関わりながら身体を動かす遊びだと、興奮しやすく困った行動につながりやすくなります。

今後の見通し

- 「感覚欲求を満たす→気持ちも身体も落ち着く→覚醒レベルが安定する」ことを意識していくと、子どもの機嫌はよくなります。機嫌よく過ごせれば困った行動は起こりにくくなります。
- ほかの子どもより感覚欲求が強いことを理解し、対応をしていきましょう。
- 多動や興奮しやすい状態は、年齢を重ねていくと軽減されていきます。発達を待ちつつ、根気よく支援を継続していきましょう。

固有覚・前庭覚・覚醒レベルについて

私たちは「五感」以外に、体内に感じる2つの感覚をもっています。「固有覚」と「前庭覚」です。固有覚とは筋肉や関節に感じる感覚、前庭覚は身体のバランスやスピード、揺れや回転を感じる感覚です。この2つの感覚が鈍感で、感覚刺激が得られにくいタイプの子どもは、通常の生活ではこれらの感覚が不足します。すると、お腹がすいたように、身体はこの感覚を求めます。

動くことで感覚が満足し落ち着く場合がほとんどですが、友だちが介入してくると興奮が高まることが多くなります。この興奮した状態を、「覚醒レベルが高まる」と表現します。

感覚欲求を満足させつつ覚醒レベルを安定させるためには、集中して一人で遊ぶことと、ももの上に物をのせて座るなどの圧迫される感覚刺激が有効だといわれます。そうした環境や支援を提供できるとよいでしょう。

注目行動タイプ

観察

- わざとふざけて注目してもらおうとする行動が見られる。
- 保育者を独り占めしたがる様子がある。
- 集中して遊び込む姿が見られる。
- 友だちとのやり取りがスムーズにできている。

アセスメント

- 遊びが充実していない、友だちとうまく関われないなどのため、他者から注目を集めて気持ちを満足させたいという欲求がある。そのため、わざと好ましくない行動をして自分に注目を集めようとする。その方法がかんしゃくになっていることも多い。
- 人に注目してもらうことではなく、遊びで気持ちを満足させることが大切。
- 保育者も注目行動には注目せず、落ち着いているときにあえて注目することを意識して承認をすることが必要。

支援のポイント

本人が夢中になって遊べることを見つけて、遊びで満足を得られるように支援しましょう。

友だちとの関わりには、保育者の介入が必要な場合もあります。上手に遊べている場面の条件や理由を観察して理解し、うまくいっていない場面にその条件をセットすることでうまくいくことがあります。

作成日:　○○年　○○月　○○日　No. 1

現状	自由遊びや集団活動の際に、理由もなくわざと騒いだりかんしゃくを起こすことがある。
アセスメント	自分に注目を集めようとして、手段としてかんしゃくを用いていると考えられる。注目行動と判断して、淡々とした対応が適切だろう。
目標	保育者に促されて静かな場所に移動し、個別の活動に取り組める。
支援方法	・かんしゃくなどの注目行動が起こったら、穏やかに静かなトーンで事前に用意した一人遊びのコーナーに誘導する。 ・本人が騒いでいても繰り返し誘導を試みる。場所を移ったら、「ぬり絵をします」と伝え、応じたら「よくできたね」とほめる。 ・かんしゃくを起こすより、落ち着いてぬり絵をすることで注目をしてもらえることを理解できるようにする。
結果	・ぬり絵だけでなく迷路や点つなぎも用意すると、スムーズに応じる。 ・かんしゃくはわざと起こしているので、楽しいことの提案でスムーズに収まり、切り替えられている。 ・遊びに飽きる、友だちとうまくいかない場面でかんしゃくを起こしていることがわかってきた。

作成日:　○○年　○○月　○○日　No. 2

現状	かんしゃくを起こすと一人遊びのコーナーに誘導され、切り替えて遊ぶことができるようになる。切り替えがうまくなった。
アセスメント	遊びに飽きてきたときや友だちとの関わりの不具合によりかんしゃくを起こしていることが多いので、予防的に関わり、かんしゃくを未然に防ぐ支援が必要と考える。
目標	遊びのスケジュールを相談して決めることができる。
支援方法	・自由遊びのときのスケジュールを相談して決める。一人遊びを中心に決める。 ・友だちと関わる遊び（ままごとなど）の場合は、保育者が注意深く観察し、必要に応じて仲立ちする。あらかじめスケジュールが決まっているので対応しやすいだろう。 ・遊びの切り替えがうまくいかない場合はこちらからスケジュールを提示し、次の遊びに促していく。
結果	遊びが充実することで、自由遊びの際の注目行動であるかんしゃくは少なくなり、起こしたとしても好きな遊びに誘導することで、行動や気持ちを切り替えることが増えた。

好きな遊びを確認出来たら、できるだけ計画の中に記載していきましょう。ヒントになりさらに遊びを広げていくのに役立ちます。

作成日：　○○年　○○月　○○日　　No. 3

現状	スケジュールを決め、一人遊びを増やすことでかんしゃくが軽減してきた。上手に遊んでいるところを承認することで、さらに注目行動を減らしたい。
アセスメント	一人で落ち着いて遊んでいるときに、しっかりと関わり承認し、かんしゃくを起こすより遊んでいるほうが先生が注目してくれるという認識をもたせるとよいだろう。
目標	遊びの充実と承認により、好ましい行動を増やし、注目行動を減らす。
支援方法	・スケジュールを相談する際はできるだけ１対１で行い、話し合えることが楽しいと伝える。 ・一人遊びで落ち着いて遊んでいるときに、タイミングよく声かけなどを行い、保育者から注目されていることを認識させる。
結果	・本人とスケジュールを相談したところ、一人遊びでも落ち着いて遊ぶ時間が増えてきた。 ・定期的に保育者が声をかけることで承認されていると感じているのか、注目行動でかんしゃくを起こすことは減った。

作成日：　○○年　○○月　○○日　　No. 4

現状	「スケジュールを決める→一人遊び→落ち着いて遊ぶ→承認」のサイクルの中で、かんしゃくはほとんど起こさなくなった。
アセスメント	様々な場面で適宜承認をしながら注目行動が出ないように働きかけたい。一人遊び以外の場面でも注目行動を軽減できるアプローチを検討する。
目標	事前の約束を意識して集団活動に参加しようとする。
支援方法	・落ち着いて活動に参加できたときには、ごほうびシールを提案する。 ・注目行動が出たときは、今まで同様、静かな場所で個別課題（一人遊び）とするが、注目行動を15分間せずに活動に参加し、遊べたときにはごほうびシールを一緒に貼ってほめる。 ・15分に１回はシールを貼れるようにしていく。
結果	目に見える形で承認され、ごほうびシールという特別感もあって、注目行動はほとんど見られなくなった。

ごほうびシールを提供する基準（注目行動をせずに15分間参加）は、明確に記載するとよいでしょう。問題行動が出ないタイミングで早めに提供することがポイントです。

Cタイプのとらえ方と計画の立て方

- 行動統制が取りにくく、日ごろしかられることは多いけれどほめられることが少ない、もしくは発達がゆっくりでうまくいくことが少なく自信がない子どもに多いタイプです。
- 注目行動にはあえて注目せず、適切な行動に促し、切り替えたら承認することが大切です。また、当たり前に安定して過ごしている場面をあえて意識し、承認を増やすことも必要になります。安定して過ごしている場面を増やすために、集中して遊べる場面を設定してみましょう。

今後の見通し

- 注目行動を起こしても注目されないこと、落ち着いて遊んでいるほうが保育者に注目されることがわかると、注目行動は自然に減っていきます。保育者の対応次第ですから、注目行動に巻き込まれないようにしてください。

注目行動について

欲求の強さには個人差がありますが、どの子どもも自分に注目してほしいと思っています。しかし、年齢相応な好ましい行動が出にくい、行動の統制が取りにくい子ども、もしくは発達がゆっくりな子どもは、注目が集まることが必然的に少なくなります。そのため、あえて好ましくない行動をとって、注目を集めようとするのです。

そこに「叱る」という否定的な注目をすると、「どうせいつも怒られる」という投げやりな気持ちや、「怒られても注目してもらった」という誤った理解をしてしまいます。

この注目行動に対する悪循環を断つためには、注目しない、もしくは、当たり前にしている好ましい行動に日ごろから注目する方法が必要なのです。

一人が大好き

どうして仲よくできないのかな？

保育室。線路に電車を走らせて一人で遊んでいるＡくんのところに、友だちが「入れて」とやってきました。断ることができずに「いいよ」と答えましたが、遊びのペースを崩されることが苦手なＡくんは、だんだんイライラしていき、突然、キーッと大きな声を出し、泣き始めました。

個別の支援計画を立てる

観察

- 他者への関心が低い。
- 一人で過ごすことが好き。
- 遊びも一人遊びばかり。
- 人から声をかけられても聞こえていないように見える。
- 一方的に話す。

アセスメント

- 他者への関心より物への関心が高く、他者と関わろうとしない傾向がある。
- マイペースに一人で過ごすほうが安心なので、集団活動に入ろうとしない。
- 集団活動に入れようとすると、興味がない、または自分のペースを乱されるので嫌がる。
- 本人のペースや興味を活かしながら、集団活動を楽しむ体験もさせたい。

支援のポイント

一人で過ごすことは悪いことではないので、遊びのスタイルとしては尊重します。ただ、他者と関わることも「楽しい」という体験は、提供したいですね。本人のペースや興味を活かした遊びや活動の場を用意し、「みんなと交流したい」というモチベーションを引き出す工夫をしましょう。

作成日:　○○年　○○月　○○日　No. 1

現状	恐竜が大好き。ブロック、絵を描く、図鑑を読むなど、「恐竜」を中心に一人で遊ぶ。自分の遊びに友だちが入ってくるとイライラする。
アセスメント	自分のペースを乱されるのが苦手。まずは保育者と安心して遊ぶ体験から始める。
目標	恐竜コーナーで保育者とやり取りしながら15分間遊ぶことができる。
支援方法	・一人で遊べるコーナーをつくり、一人遊びを満喫できるようにする。 ・保育者が「一緒に遊んでもいい？」と聞いて、遊んでいる恐竜の素材に興味を示しつつ、話したり、一緒にブロックで遊んだりする。 ・遊びに付き合いつつ、やり取りが楽しめるように配慮する。
結果	・一人遊びのコーナーで保育者と楽しく遊ぶことができる。 ・興味やペースを尊重すると、イライラする様子はなく、楽しそうに交流できた。

安心して遊べるための設定を、具体的に記載しましょう。安定して過ごせる条件が明確になります。

作成日:　○○年　○○月　○○日　No. 2

現状	一人遊びのコーナーで恐竜を介して保育者と遊ぶことは楽しめる。友だちとの交流はほとんど見られない。
アセスメント	自分の遊び方とペースを保持しながらであれば、友だちと一緒に遊ぶことも可能かもしれない。無理のない範囲で交流を促してみたい。
目標	一人遊びのコーナーで保育者と遊んでいるときに、友だちを受け入れることができる。
支援方法	・保育者と遊んでいる場面で、今遊んでいる恐竜遊びに友だちも一緒に遊んでいいか聞いてみる。 ・場を共有することが大切。交流しなくてもよいので、イライラせずに共に遊べるように支援する。 ・遊びは、個別に、ぬり絵や恐竜の図鑑を読むなどする。
結果	・恐竜好きの友だちが一人入ったところ、場を共有することは嫌がらない。ぬり絵をそれぞれ楽しんだ後、図鑑を読んで過ごす。 ・交流はないが、穏やかにいつもどおり遊ぶことができた。

一人が大好きタイプのとらえ方と計画の立て方

- 自閉傾向（自閉スペクトラム症の傾向）が強いタイプの中には、一人でいることを好む子どもがいます。一人で過ごすことは悪いことでなく、ときに長所ともなります。周りに影響されずに過ごせることで、気持ちの安定が図れますが、一人のペースを崩されたり、介入されたりするとイライラしたり、不安定になります。
- 一人を尊重される環境を用意しながら、集団生活の中で場を共有するスタイルをとれるように支援します。その中で自然発生する友だちとの交流を大事にするとよいでしょう。

今後の見通し

- 安心して場を共有できると、自分の興味あるものを介してほかの子どもとも交流することが増えてくるでしょう。
- 好きな遊びを間において、楽しく穏やかな交流ができるよう、保育者が仲立ちになりましょう。

一人が大好きタイプの関わり方のヒント

「一人が大好きタイプ」は、自閉傾向の中でも「孤立型」といわれるタイプです。一人で過ごすほうが安定することが多く、寂しいという感覚はほとんどありません。幸せのあり方はそれぞれなので、友だちと関われないことをかわいそうと思い込む必要はありません。

安心できる「一人」を楽しむスタイルを大切にしながらも、友だちと安心して場を共有する、もしくは交流する楽しさも体験させたいと思います。なぜなら、必ず人と関わって生きていくことが必要になるからです。

安心して交流できるためには、その子どものペースを尊重しつつ、興味のある遊びを間におくことがポイントになります。本書の事例も参考にしながら、それぞれの現場に応じた環境設定を工夫してみてください。

運動や手先を使うことが苦手

動くのが嫌いかな？

この場面の
観察
ポイント

園のホールでリトミックをしている５歳児クラス。保育者を一生懸命見て、何とかまねて動こうとしますが、目で見てイメージしているとおりに身体を動かすことができない子どもがいます。しょんぼりした表情であきらめたように動くのをやめてしまいました。

個別の支援計画を立てる

観察

- 小さいころから、転びやすいなどの運動面での心配があった。
- 身体を動かすことが苦手。
- 自由に動くことは嫌いではないが、指示どおりに運動することは嫌がる。
- 着替えなど、生活動作もうまくいかないことが多い。
- はさみや鉛筆など、道具を使うことが苦手。
- 食事の食べこぼしが多い。

アセスメント

- 物事の理解と比べて、身体を動かすことや手先を使うことが苦手。
- やる気はあるけれど、うまく動けないため意欲が低下している。
- 生活動作をうまくこなせない場合は、保育者が適切に手助けする。
- 運動に自由な動きを多く取り入れ、身体を動かすことの苦手意識を回避させたい。

支援のポイント

本人の努力不足でも、怠けているわけでもありません。練習を積んでもうまくいかない場合は、保育者が積極的に手助けして、決まった動きを強要することのないようにしましょう。使う道具も年齢相応ではなく、その子どもの状態に合わせて選び、工夫して使いやすいものを見つけていきます。遊びの中で、楽しく身体を協調して動かすことを意識していきましょう。

作成日：　○○年　○○月　○○日　　No. 1

現状	リトミックは、最初は取り組むが、うまく動けず止めてしまう。
アセスメント	思うように身体を動かせず、自信も失っている。自由な動きを取り入れて、安心して参加できる内容にするとよいだろう。
目標	音楽に合わせ自由に身体を動かすことを楽しめる。
支援方法	・リトミックのプログラムの中に、音楽に合わせて自由に身体を動かす内容を取り入れる。 ・本人にとって難しい動きの場合は見学し、自由に動く場面だけ参加することもOKとする。 ・参加を嫌がるときは、見学もしくは一人で違う遊びをすることも検討する。
結果	・自由に身体を動かす場面は参加し、楽しめている。そのほかは見学しているが、音楽は好きなので見て楽しんでいた。 ・みんなと同じにやらなくてはという思いから解き放たれ、安心している様子がある。

結果には、子どもの行動の変化と共に、心の動きや変化についても記載しましょう。自信がない子どもの場合は、できることが減ったとしても、心の安定が図れることのほうが大切です。

作成日：　○○年　○○月　○○日　　No. 2

現状	リトミックは、見学と活動への参加プログラムを分けることで、安心して楽しめるようになった。
アセスメント	協調運動を楽しめる遊びを取り入れてみたい。試しながら選択してもらうとよいだろう。
目標	協調運動を楽しめる遊びを相談して見つけ、体験を積んでいく。
支援方法	・釣り、コロコロキャッチ、ドミノ、紙コップ重ね、ティッシュつかみなど、ゲーム感覚で楽しめる遊びを設定し、お気に入りを見つける。
結果	・釣りとドミノがお気に入り。集中して繰り返し遊んでいる。 ・身体や手先を動かすことを能動的に体験できている。

運動や手先を使うことが苦手なタイプのとらえ方と計画の立て方

- 決まった動きは苦手でも、自由に動くことができる遊びであれば楽しめることがほとんどです。子どもに遊びを提案し、楽しいものを見つけ、そのプログラムの構成や内容を支援計画に書き込みましょう。
- 保育者は具体的なアドバイスや自然に動きが改善されるようなサポートを心がけ、計画を立てるとよいでしょう。

今後の見通し

- ちょっとがんばればできる遊びを通して、身体や手先を動かせる支援を継続していきます。
- みんなと同じにできなくても、身体を動かすことが楽しいと感じられることを大切にします。難しいときは保育者に助けを求めたり、見学する方法をとっていくことで、苦手があっても大丈夫と思えるようになっていきます。
- がんばってもできないことで、自尊心を下げないように支援をしていきましょう。

運動や手先を使うことが苦手なタイプの関わり方のヒント

生来、身体を動かすことが嫌いな子どもはいません。友だちと比較されることなく、下手でも楽しく身体を動かせるとわかれば、安心して運動に取り組めます。また、遊びの中で、小さな目標を掲げ、それを達成していく喜びは、前向きにチャレンジする姿を育みます。

左ページで紹介したコロコロキャッチ、ドミノ、紙コップ重ねなどの遊びは、ゲーム感覚で「できた」を積み重ねていける内容です。

定型発達の子どものように自然に上達していくのは難しいと判断した場合は、保育者が介入しながら、基本的には本人のやりたいこと、できるようになりたいことを尊重します。

愛着に課題がある

いったいどうしてほしいの？

3歳児のBくんは、大好きな保育者が友だちに関わっている様子を見て不安そうにしています。我慢できなくなったBくんは保育者のところに行きますが、自分だけに気持ちを向けてもらえないことがわかると急に怒り出しました。

個別の支援計画を立てる

観察

- 保育者の顔色を気にするようなそぶりを見せる。
- 自分の本当の気持ちが言えない。
- ちょっとしたことでイライラしやすい。
- 急に怒り出すことがある。
- 自分に自信がない。
- 他者に関心がない、もしくは、過度にベタベタする。
- 気持ちが安定しているときはよく遊び、コミュニケーションも良好にとれる。

アセスメント

- 保育者から注目されていないと安心して遊べない。
- 言いたいことが言えないこと、気持ちを表現できないことからイライラを感じやすい。
- 安定しているときと不安定なときの差が激しい。安定している時間を増やしていきたい。
- 安心して遊べる環境を設定し、興味のある遊びを一緒に見つけて遊び、情動を安定させたい。

支援のポイント

常に保育者の顔色をうかがいながら生活していることが多く、安心して落ち着いて遊ぶことが難しい。一対一の関係で情動の安定を図ることが物理的に難しい園生活では、遊びを上手に活用して、遊びで情動を安定させることを考えましょう。

保育者と一対一で過ごせる「スペシャルタイム」の設定が必要になるかもしれません。集団生活の中での対応は難しいですが、他者への愛着と遊びへの愛着のバランスを上手にとれるような計画を検討していきましょう。

作成日：　○○年　○○月　○○日　　　No. 1

現状	常に保育者を気にして遊びに集中できない。急に機嫌を悪くしたり、泣いたりすることがある。
アセスメント	保育者との信頼関係を築けていない。一対一の時間を設け、安心して遊ぶ体験が必要。スペシャルタイムを設けたい。
目標	スペシャルタイムで、保育者と一対一でのやり取り遊びを楽しむ。笑顔を増やす。
支援方法	・午睡前の15分間、職員室内のリソーススペースで保育者（担任以外でもよい）と一対一で好きなままごと遊びを行う。 ・スペシャルタイムの説明をして、同意を得て始める。 ・ままごと以外の希望があれば、取り入れる。 ・遊びながら、できるだけ承認していく。
結果	・遊びを楽しめている。ままごと以外では、絵本を読む、「黒ひげ危機一発」をする、トランプをする、絵を描くなどを選択。保育者との話も心地よさそうにしている。 ・クラスでも以前より笑顔が増えた。

気持ちの安定が図れる設定や遊びは具体的に記載しましょう。一対一の時間を設けるのは難しいかもしれませんが、どのタイミングなら可能なのか検討し、計画できるとよいでしょう。

作成日：　○○年　○○月　○○日　　　No. 2

現状	スペシャルタイムで楽しく遊んでいる。室内遊びでも、笑顔が増えてきた。
アセスメント	クラスでも遊びを充実させて、情動の安定を図りたい。少人数での遊びの設定、一人遊びを相談しながら設定していきたい。
目標	少人数での遊び、一人遊びで楽しく落ち着いて遊ぶことができる。
支援方法	・自分で想像して遊ぶことが苦手なので、構成が決まっている折り紙、見本を見て作り上げるブロック、ジグソーパズルなどを提案する。 ・少人数での遊びは保育者が仲立ちとなり、スペシャルタイムで遊んでいるものを提案する。
結果	・一人遊びは保育者を気にすることなく遊べている。 ・少人数での遊びについても、スペシャルタイムで保育者と遊んでいる遊びと同じなので、安定して取り組める。

愛着に課題があるタイプの
とらえ方と計画の立て方

- 一対一の時間を設定し、好きな遊びで安定を図る方法を取り入れるとよいでしょう。一対一の時間を楽しみにできれば、みんなと一緒でイライラしても、落ち着かなくなっても、気持ちに折り合いをつけてくれるでしょう。
- 一対一で遊ぶ保育者は担任がよい場合もありますが、担任に限定しないほうが対応しやすくなるでしょう。子どもの状況に応じて検討しましょう。

今後の見通し

- スペシャルタイムで落ち着いてきたら、次は保育室で保育者と一対一で遊ぶ場面へと移行していくとよいでしょう。また、本人が認められる役割や当番などを経験し、自尊心を育むことも大切です。
- 遊びの充実が続くと、気持ちが安定している時間が次第に増えていくでしょう。様々な要因により、状態が元に戻ったりすることもありますが、焦らず根気よく支援を継続しましょう。

愛着に課題があるタイプの関わり方のヒント

気持ちの波は、子どもなら誰でもあります。愛着に課題があるかどうかも、判断が難しいところです。大切なのは、保育者に見守られながら子どもの情緒が安定し、安心して遊べることです。ただし、集団生活を営む園生活の中では、限界もあります。できる範囲で（スペシャルタイムなど）つながりをもつ努力をしながら、遊びを核にして対応を考えていきましょう。

波がありつつも、笑顔が増え、よい状態が増えればよいのです。子どもに遊びを提案し、楽しいものを見つけ、そのプログラムの構成や、内容を支援計画に書き込みましょう。保育者は衝動や行動が安定するようなサポートを心がけ、計画を立てていきましょう。

行動の統制がとりにくい

じっとしていられない子ね

この場面の観察ポイント

誕生日会。一人の子どもが急に立ち上がり、大きな声で「せんせいっ！」と遠くにいる保育者に話しかけました。座っている間も、隣の子にちょっかいを出したり落ち着きません。保育者がそばにつくと少し落ち着いて楽しみ始めましたが、しばらくするとそわそわし始め、最後はイライラして立ち上がりました。

個別の支援計画を立てる

観察

- 待つことが苦手。
- 見通しをもつことが苦手。
- 集団活動のときはそわそわしたり、イライラする様子が見られる。
- 自由遊びのときは比較的落ち着いて遊べる。
- 「次何するの？」とよく聞いてくる。

アセスメント

- 見通しがもてないから不安。見通せない状態で待つのは難しい。そのため、気持ちを安定させようとちょっかいを出したり、不適切な行動につながっている。
- 「次何するの？」と聞くことができるのはよいが、その都度保育者に聞くことはときに本人のストレスになるので、自分で確認できる視覚的手がかりを取り入れるとよいだろう。

支援のポイント

じっとしていられない理由が、見通しがもてずどのようにしていいかわからない、待つことがつらいといった場合には、見通しをもたせることです。やることが明確に見えて、安心することにより落ち着くことができるでしょう。

活動のリストを作って次に何をするのかを提示します。待ち時間用に、握って遊べる感触遊び（スクイーズやドロップモーションなど）の「待つアイテム」を用意して、待つことに意味をもたせるのも有効です。

どうしてもじっとしていることが難しい場合は、適宜その場を離れて休憩をとることが必要になるかもしれません。

作成日：　○○年　○○月　○○日　　No. 1

現状	誕生日会や集団活動の際にそわそわしたり、イライラしたりする。ときに友だちへのちょっかいなど、不適切な行動を起こす。
アセスメント	見通しをもてないことが大きな要因と考える。誕生日会のスケジュールを文字と絵で示し、事前に確認する支援を取り入れたい。
目標	スケジュールを確認することで、見通しをもって誕生日会に参加する。
支援方法	・誕生日会のスケジュールをToDoリストにして、当日の朝、廊下の静かな場所で、リストを見せながら説明する。 ・リストの活動が１つ終わるたびに、その場でシールを貼る。 ・席は一番出口に近いところに設定し、イライラし始めたら「気持ちを落ち着けよう」と声をかけて一度外に出るように促す。 ・小さなドロップモーションの玩具を持参し、それを見て待つことをOKとする。
結果	・丁寧に予告すること、活動ごとにシールを貼れることで、1回目は最後まで落ち着いて参加できた。 ・後方から保育者が見守り、活動が終わるごとにシール貼りを促したところ、スムーズにできた。

事前の説明はいつ、どこで、誰が、どのようにするのかを支援方法に記載しましょう。休憩や待つときのアイテムの使用なども検討し計画に記載するとよいでしょう。

作成日：　○○年　○○月　○○日　　No. 2

現状	誕生日会のToDoリストの活用で落ち着いて参加できた。
アセスメント	見通しがもてないこと、参加のモチベーションが維持できないことが行動統制が取れない原因。リストとシール貼りが効果的。
目標	リストとシール貼りで、行事や静的な集団活動にも落ち着いて参加できる。
支援方法	・朝の会にも導入してみる。保育者の話の内容もリスト化して提示し、内容ごとに終わったらシール貼りをする。 ・落ち着かなくなったらドロップモーションを見たり、リソーススペースを活用したりという選択ができるように準備する。
結果	・保育者の話の内容をリスト化すると見通しがもて、落ち着いて聞くことができる。 ・シール貼りにより、モチベーションも保てるようで、そわそわ、イライラが軽減した。保育者からもほめられることで、さらに行動統制がとれるようになってきた。

行動の統制がとりにくいタイプのとらえ方と計画の立て方

- 話を聞く時間や待つ時間が長くてモチベーションを維持できないような場合は、活動をリスト化して提示したり、シール貼りなど目に見える形でこまめに承認したりする方法がおすすめです。
- がんばりきれない場合は、休憩をとる、待ち時間の便利アイテムを使用するなどの方法も検討しましょう。

今後の見通し

- リストやシール貼りに飽きてくることも考えられます。その際は、リストのチェック部分に遊びの要素を入れたり（すごろくのようにしてゴールを目指すなど）、シールではなくスタンプを押してチェックするなど、変化を加えるとよいでしょう。
- リストがなくても見通しをもてるようになれば、後は承認の仕方の工夫で行動は落ち着いてくると予測できます。

行動の統制がとりにくいタイプの関わり方のヒント

見通しをもたせ、少しがんばればほめられるという丁寧な支援が必要です。この積み重ねにより、見通しをもつ力を育み、落ち着いて参加できたという自信にもつなげましょう。

行動の統制がとれない原因はほかにもありますが、まずは、どのくらいの時間なら落ち着いて参加できるかを保育者が把握しながら、無理せず、「落ち着いてできた！」を積み重ねていきましょう。

まじめで融通が利かない

まじめすぎる……

この場面の観察ポイント

自由遊びの時間。友だちが片づけの場所を間違えたり、はさみの渡し方が正しくないことなどに気づいて、その都度友だちに注意をし、保育者に言いにいく子どもがいます。友だちからは嫌な顔をされ、保育者も対応に困っています。

個別の支援計画を立てる

観察

●物事の理解はよい。
●周りの行動がとても気になる。
●片づけるときは、きちんと元に戻す。
●保育者のような言葉遣いをする。
●ルールを守らない子どもを激しく責めることがある。
●自分自身の失敗に弱く、うまくいかない場面ではときどきかんしゃくを起こす。

アセスメント

●決まったルールを厳密に守りたい、守らなければと思っている。
●自分に対しても、できないことを許せない様子がある。
●「まあいいか」と物事を受け流せず、そのことでイライラを高じさせている。
●「○○しなければならない」という思考のくせがある。

支援のポイント

まじめて融通が利かないのは、「○○しなければならない」という思考のくせを強くもっているということです。ルールを守ることは悪いことではありませんが、厳密すぎると友だちとの関係を悪くしたり、自身の情動を不安定してしまうことにもなります。「まあいいか」と思えるような考え方や体験を上手に積ませていけるとよいですね。

作成日:　○○年　○○月　○○日　No. 1

現状	友だちの行動をチェックし注意する。保育者にも言いつけに来る。
アセスメント	注意したくなる本人の思いを受け止めつつ、注意をするという行動の調整を図りたい。
目標	友だちが間違った行動をしたら、直接注意はせず、保育者に伝えに来る。
支援方法	・誰でも間違えてしまうことがあること、人は失敗しながら大人になること、「失敗は成功のもと」という考え方があることを伝える。 ・誰かが間違えたら、直接本人に言わずに保育者に伝えてとお願いする。注意をしたり教えたりするのは保育者の役割だと伝え、役割を明確にする。
結果	・役割を分けるというルールはしっかり理解してくれる。「失敗は成功のもと」という考えも「なるほど」と納得した様子がある。 ・直接注意することは減り、保育者に伝えに来ることも以前より減ってきた。

作成日:　○○年　○○月　○○日　No. 2

現状	注意すること、保育者に言いつけに来ることは減ってきた。「失敗は成功のもとだよね」と保育者に確認してくることがときどきあった。
アセスメント	新しい考え方を取り入れようとしている。自分の失敗に関しても寛容になれるように「魔法の言葉」で切り替えられるように提案してみる。
目標	友だちの間違いや自分の失敗に関して、「魔法の言葉」を使って切り替えようとする。
支援方法	・「まあいいか」「失敗は成功のもと」「すべては学び」「ドンマイ」など、切り替えに使う「魔法の言葉」を提案してみる。 ・本人が好む言葉を選択、もしくは一緒に考え、友だちが間違えたときや自分が失敗したときにその言葉を使ってみるように促す。 ・保育者も、「魔法の言葉」を使って見せ、ロールモデルとなる。
結果	・「まあいいか、そんなこともあるさ」という言葉に決め、声に出したり、心の中で唱えている様子。注意したり、イライラすることもあるが、やってみようとしていることは評価できる。 ・ほかの子どもたちも「まあいいか」とまねる子どもが出てきて、本人はうれしそう。

まじめで融通が利かないタイプのとらえ方と計画の立て方

- もともとの思考のくせが強くある場合、「こんな考え方をしてごらん」と提案することが大切です。信頼できる保育者が、「そのほうがお得だよ」と提案します。正しい･正しくないという視点ではなく、こうしてみると楽だという提案の仕方です。
- その提案が実行できるような言葉を選択し、保育者が手本を示すとよいでしょう。

今後の見通し

- 「魔法の言葉」を使うことで、友だちとのトラブルも減り、自分の失敗に対しても切り替えられることが期待できます。
- 本人のまじめさが活かせるような当番（できれば一人で完結できるものがよい）などの活動で保育者から承認されることで、気持ちの安定も図れるようになります。

まじめで融通が利かないタイプの関わり方のヒント

　まじめすぎてうまくできない自分を責めたり、他者にも同じまじめさを求めたりすると、トラブルが起こりやすくなります。いき過ぎないようにするためには、「魔法の言葉」を使って思考を調整することが有効です。言葉を提案し、言葉を使うことを手助けしていきましょう。時間はかかりますが、成長と共に柔軟性も出てきます。本人の失敗に対して寛容に対応していきましょう。

　失敗したことより、がんばったプロセスや行動し始めたところに注目します。結果にこだわらず承認しましょう。

わざと困った行動をする

手に負えない……

この場面の観察ポイント

お昼寝の準備の時間。保育者が「着替えをしよう」と声をかけると、Cくんは「嫌」と拒否。保育者は「わかった。じゃあ、着替えなくていいよ」と応じるが、保育者がほかの子の着替えを手伝っている中、わざと水道の水を出して遊び出しました。

個別の支援計画を立てる

観察

- 待つことが苦手。
- 手持ち無沙汰のときに、困った行動を起こしやすい。
- 保育者に注意されてもあまり気にしていない。
- 注意されても注目されるとにやにやしている。
- 物事のよしあしは理解している。
- 日ごろあまりほめられていない。

アセスメント

- みんなと同じにできないこと、やりたくないことが多い。
- ほめられることが少ないので、保育者から注目されたいと思っている。
- みんなと同じようにできないことは気にしていないが、その時間、待つことができずに困った行動を起こしやすい。
- 結果承認ではなく、存在承認（「承認の5段階」128ページ参照）を多くすること、手持ち無沙汰な時間を少なくすることが必要だろう。

支援のポイント

みんなと同じことを求められるとストレスを抱える子どもは、拒否も多くなりがちです。その分保育者から認められないのではという不安も出てきます。また、待ち時間などの手持ち無沙汰な時間に困った行動（注目行動）は起こりやすくなります。

まずは、存在承認を心がけながら、待ち時間に遊べるものなどを用意して、注目行動を予防していきましょう。注目行動が出た場合は、その行動を見て見ぬふりをしながら、今やる行動をタイミングよく繰り返し指示して、切り替えを図るとよいでしょう。

作成日：　○○年　○○月　○○日　　No. 1

現状	外遊び後の着替えの時間にわざと困った行動を起こす。
アセスメント	着替えを拒否して、手持ち無沙汰で待つこともできないでいる。本人の好きな電車の本を提供してみる。
目標	着替えないときは絵本を読み、待つことができる。
支援方法	・着替えないときは、「絵本を読んで待っててね」と伝え、絵本コーナーに促す。あらかじめ本人が選んだ本をセットしておく。 ・絵本を読んで待てているときは、「後でお話してね」など、ときどき声をかけて注目する。
結果	・ときどき絵本を入れ替えたりすると、飽きずに応じてくれる。 ・わざと困った行動をした際は、「絵本どうぞ。読んで待っててね」と繰り返し伝えると、応じてくれることもあった。 ・切り替えができたときはほめ、注目した。

作成日：　○○年　○○月　○○日　　No. 2

現状	注目行動が出たときに、淡々と「絵本を読んでてね」と声をかけると切り替えられることが多い。
アセスメント	注目行動をしているより、着席して絵本を読むほうが保育者が承認してくれることが理解でき、切り替えられる。日常的に承認の回数を増やし、さらに好ましい行動を増やしたい。
目標	さまざまな場面で保育者の指示に（協力的に）応じることを増やす。
支援方法	・承認の５段階を活用し、承認する機会を多くする。 〈①結果を承認、②プロセスを承認、③行動し始めたことを承認、④行動に気づいていたことを承認、⑤存在を承認〉 ・特に存在承認を意識した声かけをする。「一緒に遊べて楽しい」「おいしそうにご飯を食べる顔を見ると幸せ」など。
結果	・保育者に承認される機会が増え、協力的に行動する、切り替えることが上手になった。 ・注目行動はまだ見られるが、見て見ぬふりをしながら、今やるべき行動を指示する。淡々とした関わりが大切。

支援のメソッド（承認の５段階など）は、その具体的な内容を記載することが必要です。支援計画を共有する人には、口頭で申し送る時間も取るとさらによいでしょう。

わざと困った行動をするタイプの とらえ方と計画の立て方

- 困った行動は、どのような場面でどのような理由で起こしているのかを分析します。わざと保育者の注目を集めようとしているのなら、その行動は見て見ぬふりをして、切り替えやすい行動を提案する支援を計画しましょう。
- 手持ち無沙汰な場面で注目行動は出やすくなるので、楽しめる活動や待つことが苦にならないアイテムなどを用意するとよいでしょう。
- 日ごろから認められる経験を増やして、保育者との関係性を良好にしておきましょう。

今後の見通し

- 注目行動が出そうな場面にあらかじめ活動やアイテムを用意しておくことで、注目行動が予防できます。それでも注目行動が出たときは、その行動に注目せず（見て見ぬふり）、適切な行動を指示していきます。
- 適切な行動をしたほうが保育者に認められると学習すると、注目行動はさらに減っていくでしょう。

わざと困った行動をするタイプの関わり方のヒント

年齢が上がると、「結果でほめられる」ことが多くなります。すると、みんなと同じようにできない子どもは必然的に承認の数が減ってしまいます。そのため、保育者に注目してもらいたいと、わざと困った行動をとるようになります。そこで保育者が注目してしまうと、「困った行動をしたほうが保育者は自分を気にしてくれる」と誤った学習をしていきます。

まずは、注目行動が出ないような、出来・不出来に差が出ない活動を用意し、注目行動が出たら、適切な行動に導き、承認していきましょう。

資料・シート

〈子どもの発達段階〉

運動発達のめやす（Denver II, 2003 より）

粗大運動の発達

3～4ヶ月	首すわり
5～6ヶ月	寝返り
7～8ヶ月	おすわり
9～10ヶ月	つかまり立ち
12～14ヶ月	ひとりで2秒立つ
13～15ヶ月	ひとりで10秒立つ
15～17ヶ月	上手に歩く
18～20ヶ月	走る
20～22ヶ月	階段を登る
2歳～2歳半頃	両足でジャンプする
3歳半～4歳頃	けんけんをする
4歳～5歳頃	片足立ち

微細運動の発達

1～2ヶ月	正中線を越えて追視する
3～4ヶ月頃	ガラガラを握る
3～4ヶ月	180°追視する
5ヶ月頃	物に手を伸ばす
9～10ヶ月頃	親指を使ってつかむ
14～16ヶ月頃	自発的ななぐり書きをする
18～19ヶ月頃	積み木を2個つめる
2歳頃	積み木を6個つめる
3歳頃	縦の線を模倣できる
3歳半頃	○を模倣できる
4歳半頃	□を模倣できる
5歳～6歳	人物画を描く

言語発達のめやす（Denver II, 2003 より）

出生時	ベルの音に反応する
1～2ヶ月頃	「アー」「ウー」などの声を発する
2～3ヶ月頃	声を出して笑う
5～6ヶ月頃	声の方に振り向く
7～8ヶ月頃	パ・ダ・マなどを言う
14～18ヶ月頃	意味ある1語をいう
17～19ヶ月頃	パパ、ママ以外に2語を言う
18～20ヶ月頃	3語を言う
20～22ヶ月頃	6語を言う
22～24ヶ月頃	絵を指差す
2歳頃	2語文を話す
2歳半～3歳頃	動作を表す言葉が2つ以上理解できる
3歳頃	色の名前を言う
4歳～4歳半頃	前後上下が理解できる
4歳半～5歳頃	5まで数える
5歳～6歳頃	単語を定義できる

社会性の発達のめやす（Denver II, 2003 より）

出生～3ヶ月頃	顔を見つめる、自分から笑いかける
2～3ヶ月頃	あやすと笑う
2～4ヶ月頃	自分の手を見つめる
4～6ヶ月頃	手の届かないところにおいた玩具を取ろうとする
5～8ヶ月頃	自分で食べる
8～12ヶ月頃	拍手をまねる
8～12ヶ月頃	泣かずにほしいものを示す
9～12ヶ月頃	バイバイをする
10～12ヶ月頃	大人の真似をする
11～15ヶ月頃	判定者とのボールのやりとり
11～16ヶ月頃	コップで飲む
14～18ヶ月頃	簡単なお手伝い
15～20ヶ月頃	スプーンを使う
17～23ヶ月頃	人形に食べさせる真似
20ヶ月～2歳頃	上着などを脱ぐ
21ヶ月～2歳頃	手伝ってもらい歯を磨く
21ヶ月～2歳頃	手を洗ってふく
26ヶ月～3歳頃	上着、靴などをつける
2歳～3歳頃	友だちの名前を言う
2歳～3歳頃	Tシャツを着る
3歳頃	ひとりで服を着る
3歳～4歳頃	簡単なゲームをする
3歳～4歳頃	ひとりで歯を磨く

出典：厚生労働省「子ども家庭総合評価票・記入のめやすと一覧表」より抜粋

遊びの発達段階

遊びの種類	内容	必要な社会性のスキル
一人遊び （0～1歳）	一人でじっくり遊び続ける	
平行遊び （2～3歳）	同じ空間で似た活動にそれぞれ取り組む	• 順番に交代する • 気持ちに折り合いをつける • 悪いことをしたら謝る
連合遊び （3～4歳）	• 会話やおもちゃのやり取りが見られる • 一緒に遊んでいるようでも互いのイメージは合っていないことも多い	• 自分の遊びのイメージを伝える • 相手の考えを聞く
共同遊び （4～5歳）	分業や役割分担が見られ、それぞれが協力して一つの遊びを構成する	• ルールの理解と遵守・協調性 • 参加するみんなが楽しめるルールづくり

参考：パーテンの遊びの発達段階

〈プロフィールシート〉

<table>
<tr><td>名前
年齢</td><td>〇〇　〇〇
年　　月　　日生まれ
歳　　か月</td><td>診断</td><td>あり　・　なし
(診断名　　　　　　　　　　)</td></tr>
<tr><td>支援を要する
発達特性</td><td></td><td>長所
得意
興味</td><td></td></tr>
<tr><td>保護者の願い</td><td colspan="3"></td></tr>
<tr><td>必要な支援</td><td colspan="3"></td></tr>
</table>

〈個別の支援計画シート〉

作成日:　　　年　　　月　　　日　　　　　No.

現状	
アセスメント	
目標	
支援方法	
結果	

作成日:　　　年　　　月　　　日　　　　　No.

現状	
アセスメント	
目標	
支援方法	
結果	

著者

藤原里美（ふじわら　さとみ）

一般社団法人チャイルドフッド・ラボ　代表理事

公立保育園勤務・東京都立小児総合医療センター保育主任技術員・明星大学非常勤講師を経て現職。保育士・臨床発達心理士・早期発達支援コーディネーター。

発達障害のある子どもの療育、家族支援を行うと共に、園の巡回や研修など、支援者育成にも力を注ぐ。子どもを変えずに、子どものまわりの世界を変える支援方法で、園現場で実現可能な実践を発信している。

ホームページ： https://www.childhood-labo.link/

YouTube：「藤原里美の発達支援ルーム」で検索

編集	こんぺいとぷらねっと（茂木立みどり　鈴木麻由美）
装幀・本文デザイン	熊谷昭典（SPAIS）　佐藤ひろみ
カバー・本文イラスト	すみもとななみ
まんが	野田映美
印刷・製本	株式会社ルナテック

５つのステップで取り組みやすい！

保育所・認定こども園・幼稚園対応

配慮を必要とする子どもの「個別の支援計画」

2023年２月20日　発行

著　者　藤原里美

発行者　荘村明彦

発行所　中央法規出版株式会社

〒110-0016　東京都台東区台東3-29-1　中央法規ビル

Tel 03 (6387) 3196

https://www.chuohoki.co.jp/

定価はカバーに表示してあります。

ISBN978-4-8058-8823-0

本書の内容に関するご質問については、下記 URL から「お問い合わせフォーム」にご入力いただきますようお願いいたします。

https://www.chuohoki.co.jp/contact/